乡村振兴人才培育系列教材

农产品短视频营销与直播带货

◎ 徐桂英　刘文忠　徐青蓉　主编

中国农业科学技术出版社

图书在版编目（CIP）数据

农产品短视频营销与直播带货 / 徐桂英，刘文忠，徐青蓉主编. -- 北京 : 中国农业科学技术出版社，2024. 6. -- ISBN 978-7-5116-6904-9

Ⅰ. F724. 72

中国国家版本馆CIP数据核字第2024UV7808号

责任编辑 马雪峰 周 朋
责任校对 王 彦
责任印制 姜义伟 王思文

出 版 者 中国农业科学技术出版社
北京市中关村南大街 12 号 邮编：100081
电 话 （010）82106630（编辑室） （010）82106624（发行部）
（010）82109709（读者服务部）
网 址 https: // castp.caas.cn
经 销 者 各地新华书店
印 刷 者 北京地大彩印有限公司
开 本 170 mm × 240 mm 1/16
印 张 9
字 数 156 千字
版 次 2024 年 6 月第 1 版 2024 年 6 月第 1 次印刷
定 价 34.60 元

《农产品短视频营销与直播带货》

编委会

主　编　徐桂英　刘文忠　徐青蓉

副主编　贾文俊　胡明宇　赵　波　盛朝晖　王晓霞　王加明

编　委　孙军利　陶海彦　关立坡　王洪东　陈靓娟　何　爽　张淑贞　杨　杰　陈　益　陈可欣

前言

PREFACE

在数字化浪潮席卷而来的今天，农产品营销的方式也迎来了前所未有的变革。短视频营销与直播带货，这两种新兴的营销方式，正以其独特的魅力和优势，为农产品销售打开了一扇全新的大门。本书应运而生，旨在为广大从事农产品营销的朋友们提供一本全面、系统、实用的指导手册。

本书共分为9章，分别为农产品短视频营销概述、农产品短视频内容策划、农产品短视频制作、农产品短视频营销、直播带货概述、农产品的直播规划、布置直播场景、农产品开播前的准备、直播带货实战技巧。

本书的特点在于实用性和可操作性，注重理论与实践的结合，既有理论知识的阐述，也有具体操作的演示。同时，本书还提供了详细的实战技巧，帮助读者更好地掌握农产品短视频营销与直播带货的精髓。希望本书能够让更多的人了解并掌握农产品短视频营销与直播带货这一新兴的营销方式，为农产品的销售和推广开辟更广阔的道路。

由于时间仓促，水平有限，书中难免存在不足之处，欢迎批评指正。

编　者

2024年5月

目录

CONTENTS

第一章 农产品短视频营销概述……………………………………1

第一节 短视频概述 ……………………………………1

第二节 短视频平台 ……………………………………3

第三节 短视频团队 ……………………………………9

第四节 农产品短视频营销的优势 ……………………………………12

第二章 农产品短视频内容策划……………………………………15

第一节 短视频的选题策划 ……………………………………15

第二节 农产品短视频的风格 ……………………………………18

第三节 短视频内容创作 ……………………………………21

第三章 农产品短视频制作……………………………………29

第一节 常用的短视频拍摄工具 ……………………………………29

第二节 拍摄脚本的制作 ……………………………………34

第三节 短视频的拍摄 ……………………………………40

第四节 短视频的后期编辑 ……………………………………53

第四章　农产品短视频营销……64

第一节　短视频营销的前期准备……64
第二节　短视频的引流推广……69
第三节　短视频的用户运营……71

第五章　直播带货概述……75

第一节　直播概述……75
第二节　直播带货的平台……76
第三节　直播团队……77
第四节　直播带货的优势……79
第五节　直播间的规范……80

第六章　农产品的直播规划……83

第一节　农产品直播的选品……83
第二节　选择合适的主播……86
第三节　直播产品的设计……88
第四节　挖掘农产品的卖点……90
第五节　编写直播脚本……93

第七章　布置直播场景……96

第一节　直播场地……96
第二节　布置环境……98
第三节　选择直播设备……100

第八章 农产品开播前的准备 …… 104

第一节 直播间的准备 …… 104

第二节 主播的心理准备 …… 108

第三节 新号开播准备 …… 110

第九章 直播带货实战技巧 …… 113

第一节 塑造良好的直播形象 …… 113

第二节 直播主持技巧 …… 114

第三节 直播带货技巧 …… 117

第四节 直播售后 …… 122

附录 国家广播电视总局 文化和旅游部关于印发《网络主播行为规范》的通知 …… 127

参考文献 …… 132

第一章　农产品短视频营销概述

第一节　短视频概述

一、短视频的概念

短视频是基于电脑端和移动端传播的视频内容形式，其播放时长在5分钟以下。短视频内容一般以短剧、日常生活视频和产品宣传营销视频为主，主要由个人拍摄完成，并在抖音、快手等网络短视频平台，及淘宝、京东、拼多多等电商平台上播放。

二、短视频的特点

与传统视频相比，短视频主要特点如下。

（一）结构短小，内容多样

短视频的时长一般在15秒到5分钟，由于时间有限，短视频展示出来的内容大多是精华，在开头的前3秒就要抓住用户的注意力。这也符合用户碎片化的阅读习惯，可以降低用户的时间成本。

短视频的表现形式是多元化的，有技能分享、幽默搞怪、时尚潮流、社会热点、街头采访、公益教育、广告创意、商业定制等内容，符合用户个性化和多元化的审美需求。

（二）拍摄门槛低，制作简单

短视频的制作门槛较低，实现了生产流程简单化，每个用户都可以使用一部手机来实现短视频的拍摄、制作、上传和分享。如今大多数短视频APP自带滤镜和特效功能，且简单易学，使用门槛很低。

（三）传播迅速，交互性强

短视频的传播门槛低，传播渠道多样，很容易实现内容的裂变式传播。用户不仅可以在平台上发布自己制作的短视频，还可以观看、评论、点赞他人的短视频，形成较强的交互性和社交属性。

短视频平台除了通过自身平台转发和传播外，还可以与微博、微信等社交平台进行合作，将内容精彩的短视频通过流量庞大的微博或微信朋友圈、视频号等进行分享，进而形成更多流量，推动短视频的传播范围进一步扩大。

（四）观点鲜明，信息接受度高

在快节奏的生活方式下，大多数人在获取日常信息时追求“短平快”，而短视频信息开门见山、观点鲜明、内容集中，容易吸引用户，并被用户理解与接受，信息传达和接受度更高。

（五）指向性强，目标精准

与其他营销方式相比，短视频营销具有指向性强的优势，因为它可以准确地找到目标受众，实现精准营销。短视频平台通常会设置搜索框，对搜索引擎进行优化；而用户一般会在平台上搜索关键词，这一行为使得短视频营销更加精准。

三、短视频的发展

短视频的发展历程可以分为萌芽时期、探索时期、分水岭时期、发展时期和成熟时期5个阶段，每个阶段有不同发展特点的短视频和具有代表性的短视频平台。

（一）萌芽时期（2013年以前）

这一时期最具代表性的事件就是快手这一短视频平台的诞生。在这一时期，短视频用户群体较小，其喜好的短视频内容以影视剧二次创作内容，或者从影视综艺类节目中截取的优秀片段为主。在短视频萌芽时期，人们开始意识到网络的分享特质以及短视频生产门槛的降低，这为日后短视频的发展奠定了基础。

（二）探索时期（2013—2015年）

以美拍、腾讯微视和秒拍为代表的短视频平台逐渐进入公众的视野，短视频逐渐被广大用户接受。而且，随着4G移动通信技术的商业应用以及一大批专业影视制作者加入短视频内容创作者的行列，短视频被广大用户所熟知，并表现出极强的社交性和移动性，一些优秀的短视频内容甚至加速了短视频的发展。

（三）分水岭时期（2016年）

以抖音短视频（2020年9月更名为抖音）和头条视频（2017年升级为西瓜视频）为代表的短视频平台都在这一时期上线。这个时期的短视频平台投入了大量的资金补贴，从源头上激发内容创作者的创作热情，很多表现力强、内容丰富多样的短视频随之出现。同年，短视频行业迎来了爆炸式增长，短视频平台和内容创作者数量都在快速增长。另外，短视频用户也创作出大量短视频，形成了短视频发展的良性循环。

（四）发展时期（2017年）

在这一时期，以好看视频和土豆视频为代表的短视频平台纷纷加入短视频领域的竞争，短视频领域呈现出百花齐放的态势。以阿里巴巴（中国）网络技术有限公司（以下简称阿里巴巴）和深圳市腾讯计算机系统有限公司（以下简称腾讯）为首的众多互联网公司感受到短视频行业巨大的发展空间和红利，加速在短视频领域的布局，大量资金的涌入也为短视频行业的未来发展奠定了坚实的经济基础，短视频平台的用户量继续攀升。

（五）成熟时期（2018年至今）

这一时期的短视频出现了搞笑、音乐、舞蹈、萌宠、美食、时尚和游戏等内容垂直细分领域。各大短视频平台积极探索商业盈利模式，开发出多种变现盈利方式，这一时期的短视频行业逐渐规范并成熟起来。在政策和法规的规范下，短视频行业逐渐步入正规发展道路。近年来，短视频更加注重用户体验、内容创意和精细化制作，以满足用户不断增长的需求。同时短视频也表现出数字经济、跨界融合、多元化发展等新特点，并充分紧跟社会经济稳步崛起的脚步，获得了更加广阔的市场和发展空间。

第二节　短视频平台

一、短视频平台的类型

（一）热门短视频平台

可发布短视频的平台较多。热门的短视频平台以抖音、快手、微信视频号和好看视频等为代表。短视频平台不仅能够播放短视频，还具备短视频的拍摄、剪辑、发布和运营等功能。

1. 抖音

抖音隶属北京字节跳动科技有限公司，最开始是一款音乐创意短视频社交软件。用户可以通过该平台选择歌曲，拍摄音乐短视频。抖音允许用户上传短视频，并可以添加背景音乐、特效和滤镜，使视频内容更加生动有趣。抖音公布的最新数据显示，截至2023年1月，抖音的用户数量达到8.09亿。国内抖音的日活跃用户突破1.5亿人，月活跃用户破3亿人，人均单日使用时长超过两小时。

（1）易操作，体验好。抖音短视频的时长一般很短，拍摄门槛不高，每个人都可以在抖音进行或简单或复杂的创作。抖音的默认打开方式是进入“推荐”页面，用户只需用手指轻轻一划，就可以播放下一条视频，再加上短视频的全屏播放，降低了用户注意力被打断的概率，为用户打造了沉浸式娱乐体验。

（2）活跃度高。抖音平台的用户量大，用户更加丰富多元化，活跃度高，使用频次高，抖音用户对平台的黏性不断增强。

（3）个性化推送。抖音通过收集、整理和分析用户的数据信息，通过智能算法设置关联性，使得内容具有相关性，能够推送用户感兴趣的内容，实现个性化推送，从而引发用户的共鸣和持续关注，减少对用户的干扰，还可以帮助广告主找到精准用户。

（4）参与性强。抖音会定期推出视频标签，引领用户参与到同一主题视频的创作中。这些视频标签激发了用户的创作灵感，创作出来的内容具有很高的参与感和娱乐性，所以被其他用户分享的概率也大大提升。

（5）营销功能丰富。抖音重视营销，与众多品牌和电商店铺合作，通过推广和广告等方式，为电商赋能，实现商业价值的最大化。这既为用户提供了更多购物选择，也为品牌和商家提供了更广阔的营销空间。

2. 快手

快手是北京快手科技有限公司旗下的产品。快手的前身，叫GIF快手，诞生于2011年3月，最初是一款用来制作、分享GIF图片的手机应用。2012年11月，快手从纯粹的工具应用转型为短视频社区，成为用户记录和分享生产、生活的平台。随着智能手机、平板电脑的普及和移动流量成本的下降，快手在2015年以后迎来市场。快手公布的2023年第三季度业绩显示，快手应用的用户规模再次突破历史新高，平均日活跃用户同比增长6.4%，达3.87亿。

（1）内容多样化与接地气。快手社区注重内容的趣味性和亲民性。用户可以记录和分享自己有趣、搞笑的生活瞬间，同时也能发现其他人逗趣的生活。这种接地气的内容定位使得快手短视频社区更具吸引力和生活气息。

（2）操作简单与用户参与度高。快手APP操作简单，用户可以轻松上传自己的视频和互动评论，与其他用户交流和分享。这种互动性极大地提高了用户参与度，也增强了平台的社交性。

（3）创作者多样性。快手短视频平台有着大量的内容创作者，他们来自不同的领域和背景，有专业的影视制作团队，也有个人业余爱好者。这些创作者通过不同的方式和手段来展现自己的才华和想法，给用户带来了无限的欢乐。

（4）智能推荐算法。快手APP采用智能推荐算法，根据用户的兴趣和观看历史推荐相应的视频，使得用户体验更加贴近自己的需求和喜好。

（5）社交网络效应强。快手短视频平台具有强大的社交网络效应，用户可以通过分享、点赞、评论等方式与其他用户互动，建立自己的社交网络。这种互动性不仅增强了用户的黏性，也为品牌营销和推广提供了更广泛的传播渠道。

3. 微信视频号

微信视频号是2020年1月22日腾讯公司官方微博正式宣布开启内测的平台，是继微信公众号、小程序后又一款微信生态产品。微信视频号的入口在微信的“发现”页面“朋友圈”的下方，其视频时长为3～60秒，文件大小应小于30MB，所以微信视频号的核心还是短内容。此外，微信视频号也支持用户发图片，最多发9张，文字描述最多为1 000字。微信视频号还能带上文字和公众号文章链接，而且不需要PC端后台，可以直接在手机上发布。微信视频号支持点赞、评论进行互动，也可以转发到朋友圈和聊天窗口，与好友分享。

（1）以微信为基础，具备多个流量入口。微信视频号内嵌在微信中，不需要用户安装单独的APP。用户可以直接在微信中通过视频号观看短视频，而且视频号在微信中有10个以上流量入口，用户通过任何一个入口都可以进入视频号。

（2）具备天然的社交功能，互动性强。微信视频号的内容推荐机制是将社交作为首要因素，优先向用户推荐微信好友喜欢的短视频。只要是微信好友点赞过的短视频，就会向用户推荐，不仅有利于短视频传播，还有利于用户与好友之间的社交互动。

（3）推荐机制更利于普通用户。微信视频号的推荐机制以社交推荐为主，好友互动率高的短视频更容易推荐给其他感兴趣的陌生用户。这也意味着，如果某个用户的短视频被很多位微信好友点赞，那短视频被平台推荐给其他用户的可能性会更大。

（4）生态场景互通，获得更多流量。微信视频号可以与微信中的公众号、小程序、朋友圈、企业微信、支付等功能互通，将这些场景中的用户引流到视频号中，能获得更好的营销效果。

4. 好看视频

好看视频是百度旗下的短视频平台，其定位是短视频知识互动社区，内容以泛知识类短视频为主。

（1）以百度为依靠。基于百度AI、大数据等领先技术能力，打造沉浸式内容消费模式，实现优质内容和兴趣人群精准匹配，助力内容创作者通过内容找到用户。

（2）重视和激励原创。重视优质的原创短视频内容，促进用户活跃度。积极引入直播答题模式以及内容创作者激励机制，充分激活用户参与感，让用户和内容创作者都能获利。

（3）专业的知识型平台。好看视频坚持走泛知识道路，邀请名家、行家等专业人士签约入驻，传播专业的知识，潜移默化地提高用户在短视频浏览中的知识获得感，帮助用户了解更多有价值、深层次的内容。

（4）整合资源、生态互通。好看视频通过设计互动功能，与百度百科、百家号等百度系列知识类产品进行链接，利用百度资源优势为内容创作者提供便利，推动创作的多元化。

（二）电商平台

电商平台中的短视频以产品展示、宣传和推广为主。目前主流的淘宝、京东和拼多多等电商平台中都有大量的产品短视频。

1. 淘宝

淘宝由阿里巴巴于2003年5月创立，是我国使用用户数较多的网购零售平台。自创建后，随着规模的不断扩大、用户数量的快速增加，淘宝逐渐发展为集个人与个人之间的贸易、团购等多种电子商务模式于一体的综合性零售商圈。

淘宝一直都重视短视频营销，致力于将短视频与电商完美融合。在淘宝中，短视频是电商产品的主要营销推广方式之一，可在多个页面实现引流和销售。

（1）产品详情页。淘宝中大多数产品的详情页中都可以看到产品展示短视频，有的放置在主图位置，有的放置在“宝贝详情”介绍中。这些短视频基本上都是商家专门为产品拍摄的，有的还是专门拍摄的广告视频。

（2）短视频频道。在手机中打开淘宝APP的“视频”页面，在“发现”频道中就可以看到一些达人、普通用户发布的产品使用体验或日常生活分享短视频。这些短视频大多数与产品相关，用户可以通过链接直接进入短视频所展示产品对应的产品页面，也可以通过商家的账号打开商家主页，并进入对应的网店。

2. 京东

京东隶属北京京东世纪贸易有限公司，是我国知名的、专业的综合网上购物商城，商城中汇集了数万种品牌产品，囊括了家电、手机、电脑、母婴、服装等多个品类。京东有很多自营店铺，其产品皆由京东自营物流发货，发货和运输速度较快，通常24小时内就可以送到用户手中，这一物流优势增加了用户黏性，培养了一批较为稳定的用户群体。

京东的短视频以产品宣传为直接目的，营销性质明显，放置位置也比较固定。

（1）首页。京东首页一般会有展示产品细节的短视频，起到宣传产品的作用。

（2）产品详情页。部分产品详情页还有更详细的短视频展示，起到补充介绍产品信息的作用。

（3）网店主页。用户在京东上进入网店主页时，会看到商家设置的关于网店介绍和网店活动、网店动态的短视频。这些短视频起到了品牌宣传、活动促销和新品推销的作用。

（4）“逛”页面。点击京东APP主界面底部的“逛”选项，可进入“逛”页面。该页面集合了商家和用户发布的关于产品的图文和短视频。

3. 拼多多

拼多多成立于2015年9月，是一家致力于为广大用户提供物有所值的产品和有趣互动购物体验的新电商平台，专注于移动端。目前，拼多多平台覆盖的产品品类包括快消、3C、家电、生鲜、家居家装等。

拼多多的短视频也以产品宣传为主，位于主页和详情页等位置。拼多多APP开设了名为“多多视频”的短视频频道，“多多视频”频道中的大多数短视频并不以产品宣传为主，当用户观看一定量的短视频后，就可以获得微信红包和平台红包，用户可直接将这些红包用于平台消费。这类短视频的设定能够在一定程度上增强用户黏性，增加用户停留时长。

（三）其他平台

目前，除了上述短视频平台和短视频相关电商平台外，还有一些集社区、短视频、直播、电商等多种功能于一体的新媒体平台，如微博、小红书和今日头条等。

1. 微博

微博是一个社交媒体平台，其主要功能是实现用户在平台内的实时分享、交流、互动，而短视频就是微博用户分享、交流的重要媒介之一。微博在上线视频号功能后，成为集图文、短视频、直播等多种内容形式于一体的新媒体平台。

微博具备了社交媒体的强互动性特点，用户可以发布一句话、一张图片、一条短视频，其他用户可以实时阅读和评论，提高了交流效率，降低了交流成本，为产品营销话题的扩散创造了有利条件。微博用户基数大，有一定的流量优势，这使得微博视频号的内容创作者从一开始就有了一定的用户基础。而且，微博视频号发布短视频较方便，用户在原有微博账号发布短视频即开通了视频号，用户发布的短视频不仅会出现在微博的视频专区，还会出现在用户的微博主页。

2. 小红书

小红书是一个内容分享类平台，以用户发布图文笔记、分享好物为特色。美妆和穿搭是小红书的特色内容，用户会习惯性地在小红书上搜索美妆和穿搭方面的信息，而美妆和穿搭等内容会吸引大量女性用户的关注，这些内容也更容易与相关产品挂钩，这也是小红书女性用户居多的重要原因之一。在小红书中，短视频也是产品的主要展示方式之一。短视频能够全方位、多角度、长时间跨度地展示产品，引来品牌和达人的青睐，进一步丰富了产品的营销方式。另外，小红书也上线了“视频”频道，用于展示各种短视频。

3. 今日头条

今日头条是以图文为主的综合资讯内容平台，和抖音同属于北京字节跳动科技有限公司。其推出的产品有头条号、微头条、西瓜视频和悟空问答，包括文字、图片和视频3种主流内容表现形式。

由于今日头条与抖音同属于一家公司，因此用户的今日头条账号可以与抖音账号绑定，用户在抖音上发布的内容能够直接同步到今日头条账号上，间接地带动了今日头条的视频生态形成和发展。今日头条中有多个视频页面入口，较为重要的是“视频”频道。

二、短视频平台的选择

（一）了解平台定位与特点

不同的短视频平台有不同的定位和特点。一些平台可能更注重娱乐性和时尚感，适合发布轻松有趣的内容；而另一些平台可能更侧重于知识分享和实用技巧，适合农民朋友发布与农业相关的实用信息。因此，在选择平台时，农民朋友需要了解平台的定位和特点，找到与自己内容相匹配的平台。

（二）考虑受众群体

农民朋友在选择平台时，还需要考虑平台的受众群体。选择一个用户基数大、对农业内容感兴趣的平台，有助于扩大自己的影响力和受众范围。同时，农民朋友也可以关注平台上的用户画像，了解受众的年龄、性别、地域等特征，以便更好地定位自己的内容。

（三）易用性与技术支持

对于农民朋友来说，选择一个操作简便、功能完善的平台非常重要。考虑平台的界面设计是否直观易懂，上传和编辑视频是否方便快捷。此外，技术支持也是一个重要的因素，一个好的平台应该能够提供及时的技术支持和问题解答，帮助农民朋友解决在使用过程中遇到的问题。

（四）流量与曝光机会

农民朋友在选择平台时，还需要考虑平台的流量和曝光机会。一个流量大、曝光机会多的平台，有助于农民朋友的短视频内容被更多人看到和分享。因此，在选择平台时，可以关注平台的日活跃用户数、视频播放量等数据，以评估平台的流量和曝光能力。

总的来说，对“三农”内容创作者来说，可以从流量较大的三大平台中选择一个更符合自身需求和使用习惯的平台入驻。

第三节　短视频团队

一、短视频团队的类型

短视频团队的岗位设置通常是由预算和具体的内容定位来决定的。例如，资金充足时就可以搭建分工明确的多人团队，拍摄汽车宣传短视频的团队通常就比拍摄水果宣传短视频的团队人数多。按照岗位的数量，短视频团队可分为低配、中配和高配3种类型。

（一）低配团队

低配团队人数很少，甚至只有1人，此时整条短视频的策划和制作由1个人完成。低配团队要求个人具备策划、摄像、表演、剪辑和运营等多种技能，以及耐心。

（二）中配团队

中配团队人数通常低于8人，以5人的配备最为普遍，其岗位包括编导、演员、摄像、剪辑和运营。其中，编导就是导演和编剧合二为一，灯光由摄像兼任，配音、录音等也可由其他岗位的人兼任。

（三）高配团队

高配团队人数较多，通常有8人或以上，团队中每个成员都有明确的分工，有效把控每一个环节，当然产出的短视频质量也较高。高配团队通常包括编剧、导演、演员、摄像、剪辑、运营、助理等岗位。

二、短视频团队的工作流程

短视频团队的工作流程主要包括策划与筹备、拍摄、剪辑和运营4个阶段。

（一）策划与筹备

策划与筹备阶段主要是为中后期的短视频拍摄和剪辑做准备工作，这一阶段的主要工作包括确定短视频选题、撰写和确定短视频脚本、准备资金，以及落实后续工作。

1. 确定短视频选题

专业的短视频团队中，通常导演会带领编剧、运营等组成选题小组，召开选题会一起讨论短视频选题。讨论完成后，对于有问题的选题可以直接剔除或修改，而没有问题的选题可以交给导演审核。导演审核完所有的选题，会提出自己的意见，并与编剧进一步沟通，要求编剧根据意见进行修改，无误后则正式确定选题。

2. 撰写和确定短视频脚本

撰写和确定短视频脚本是短视频团队工作中较重要的一个步骤，一个好的短视频脚本是创作出热门短视频的关键。短视频脚本一般由编剧撰写，写作时可以根据热门短视频或故事、段子等改编。撰写完的短视频脚本还需要经过客户、导演和编剧的共同确认。

3. 准备资金

资金是短视频拍摄、剪辑与运营的基础，需要根据短视频团队的规模、设备和道具需求、拍摄时间和难度、剪辑过程，以及运营推广方式等，预估并获得尽可能多的资金。

4. 落实后续工作

资金到位后，短视频团队就可以开始落实各项准备工作。例如，针对短视频拍摄，导演和编剧需要根据短视频脚本做好场景安排、灯光道具安排和镜头设计等准备工作，设计好拍摄使用的分镜头脚本。同时，还需要安排好演员、食宿交通和拍摄剪辑日程等方面的事宜，最好制订一个详细的工作计划。

（二）拍摄

拍摄是短视频团队工作流程中十分繁忙且重要的阶段，起着承上启下的作用。拍摄阶段是在策划与筹备阶段的基础上进行短视频的实际拍摄，为后面的剪辑工作提供充足的短视频素材，为最终的短视频成片奠定基础。

拍摄阶段的主要工作人员有导演、摄像和演员。导演负责安排和引导演员、摄像并处理和控制拍摄现场的各项工作；摄像则负责根据导演和短视频脚本的安排，拍摄好每一个镜头；演员则需要在导演的指导下，完成短视频脚本中设计的所有表演。另外，拍摄过程中，诸如灯光、道具和录音等辅助人员也需要全力配合。

（三）剪辑

拍摄完成后，就可以进入剪辑阶段。在该阶段，剪辑要使用专业的视频剪辑软件完成后期剪辑，包括剪辑、配音、调色、添加字幕和特效等具体工作，最终制作成一个完整的短视频作品。通常，短视频的剪辑有以下5个流程。

1. 整理短视频素材

整理和编辑拍摄阶段拍摄的所有短视频素材，按照时间顺序或短视频脚本中设置的剧情顺序排序，甚至还可以将所有短视频素材编号归类。

2. 设计工作流程

熟悉短视频脚本，了解短视频脚本中对各个镜头和画面效果的要求，并按照整理好的短视频素材，设计剪辑工作的流程，并注明工作重点。

3. 粗剪

观看所有整理好的短视频素材，从中挑选出符合短视频脚本需求，并且画质清晰且精美的视频画面，然后按照短视频脚本顺序重新组接，使画面连贯、有逻辑，形成第一稿视频。

4. 精剪

在第一稿视频的基础上，进一步分析和比较，剪去多余的视频画面，并为视频画面设置调色，添加滤镜、特效和转场效果，增强短视频的吸引力，进一步突出内容主题。

5. 成片

完成了短视频的精剪后，可以对短视频进行一些细小的调整和优化，然后添加字幕，并配上背景音乐（backgroud music，BGM）或旁白解说，最后再为短视频添加封面和结尾，完成短视频的制作。

（四）运营

短视频团队的运营工作包括发布短视频、推广短视频和数据统计3项。

1. 发布短视频

运营收到短视频之后，会将其发布到各个短视频平台，并根据短视频的内容和特点来确定宣传文案，以吸引更多的用户观看。

2. 推广短视频

运营根据短视频平台的推广机制，选择合适的引流方法，吸引更多的用户观看短视频。

3. 数据统计

在短视频正式发布后，运营需要实时关注短视频的相关数据，定期统计数据并制作数据报表，根据数据表现找到短视频存在的问题，并将相关结论发送给短视频团队的其他成员，以调整下一期短视频的内容。

第四节　农产品短视频营销的优势

农产品营销的方式越来越多，包括网络营销、服务营销、体验营销、病毒营销、整合营销及社交营销等。短视频营销属于网络营销，也是具有巨大潜力的营销方式之一。与其他营销方式相比，农产品短视频营销具有很大的优势。

一、成本低

与传统的广告营销的资金投入相比，短视频营销的成本算是比较低的，这也是农产品短视频营销的优势之一。成本低主要表现在3个方面，即制作的成本低、传播的成本低及维护的成本低。

短视频是否能够迅速地传播，并不耗费太大的成本，关键在于如何打造短视频的内容，内容有没有真正击中受众的痛点和需求点。随着受众群体对短视频内容的要求不断提高，短视频的打造也慢慢开始向专业化、团队化发展。虽然制作短视频的门槛较低，但如果想要借助短视频的力量获得良好的营销效果，就必须要以专业化团队的力量作为支撑，而且短视频营销也在逐渐向专业化的方向不断前进。

二、互动性强

短视频营销很好地吸取了网络营销的优点——互动性强。几乎所有的短视频都可以进行单向、双向甚至多向的互动交流。对于农产品销售者而言，短视频的这种优势能够帮助农产品销售者获得顾客的反馈信息，从而更有针对性地对自身进行改进；对于顾客而言，他们可以通过与销售者发布的农产品短视频进行互动，从而对农产品的品牌进行传播，或者表达自己的意见和建议。这种互动性使得短视频能够快速地传播，还能有效提升农产品的营销效果。

三、效果好

短视频是一种时长较短的图文影音结合体，因此短视频营销能够带给消费者图文、音频所不能提供的感官的冲击，这是一种更为立体、直观的感受。短视频能做到农产品的种植、加工、包装整个流程的可视化，消费者会更放心地做出选择。

短视频营销的效果比较显著，除了因为画面感强之外，还因为短视频可与电商、直播等平台结合，实现更加直接的赢利。消费者可以边看短视频，边对产品进行购买，这是传统的电视广告所不能拥有的优势，因为一般消费者在观看了电视广告之后，不能实现快捷购物，一般都是通过电话购买、实体店购买及网上购买等方式来满足购物欲望。但在这些方式中，消费者都不可避免地会遇到一些问题，如在电话中无法很好地描述自己想购买的商品的特征、不想出门逛街购物等。那么，利用短视频进行营销时，要符合内容丰富、价值性强、具有观赏性等特点。

四、传播速度快

短视频营销还拥有传播速度快、难以复制的优势，因为短视频营销本身就属于网络营销，所以短视频能够迅速地在网络上传播开来，再加上其时间短，适合现代快节奏的生活，因此更能赢得广大受众的青睐和欢迎。

此外，顾客在与短视频进行互动的过程中，不仅可以点赞、评论，还可以转发。一条包含精彩内容的短视频，如果能够引发广大用户的兴趣并被他们积极转发，那么就很有可能达到病毒式传播的效果。

短视频平台除了自己转发和传播，还积极与新浪微博这样的社交平台达成合作，将内容精彩丰富的短视频通过流量庞大的微博发布出来，进而吸引更多的流量，推动短视频的传播。

五、持续时间久

利用短视频进行营销的一个好处是它的“存活”时间比较久。例如，如果想要利用电视广告持续向大众展示产品，就需要一直投入资金，一旦企业停止支付费用，就会遭到停播，而如果利用短视频进行营销，不会因为费用的问题而停止传播，因此“存活”的时间久。这也和短视频打造的成本较低分不开，例如快手、美拍、抖音上的短视频大多是用户自己制作并上传的，所以与费用的关系不大。

六、数据效果可视化

短视频营销较传统营销有一个明显特点，就是可以对视频的传播范围及效果进行数据分析，如分析点赞量、关注量、评论量、分享量等。不管是哪一类短视频，都能直观地看到播放量、评论量等数据。运营者可以通过数据分析，分析行业竞争状况，掌握行业风向，调整并及时优化短视频内容，从而达到更好的营销效果。

第二章　农产品短视频内容策划

第一节　短视频的选题策划

从长期来看，要想做好农产品短视频，短视频创作者一定要进行选题策划，找对方向，在内容上做好定位，这样才更容易创作出精品，吸引精准用户的关注，进而提升用户的黏性。

一、短视频选题策划的原则

不管短视频的选题是什么，其内容都要遵循一定的原则，并以此为宗旨，落实到短视频的创作中。

（一）以用户为中心

目前，短视频行业的竞争愈发激烈，用户对短视频的要求也越来越高，因此短视频创作者一定要注重用户体验，以用户为中心，短视频的内容切不可脱离用户的需求。也就是说，短视频创作者在策划选题时，要优先考虑用户的喜好和需求，这样才能最大限度地获得用户的认可，并保证短视频的高播放量。

（二）保证价值输出

短视频的内容一定要有价值，要向用户输出“干货”。选题要有新鲜的创意，从而激发用户产生收藏、点赞、评论和转发等行为，促进短视频的裂变传播。

（三）保证内容垂直度

在确定某一内容领域之后，就不要再轻易更换，否则会由于短视频账号的垂直度不够而导致用户不精准。因此，短视频创作者要在某一个领域长期输出有价值的内容，提高自己在该领域的影响力，这样更容易获得短视频平台的“头部流量”。例如，销售水果，可以长期发布一些水果种植、采摘、销售等相关的短视频。

（四）选题内容与运营相结合

做好选题并非意味着短视频一定会成为爆款，很多短视频创作者创作出来的短视频虽然画面精美、内容优质，但点击量很少，给其造成了不小的打击，其原因可能只是因为一个标题不合适。短视频的内容与标题的匹配度越高，就越容易被平台推荐，从而吸引用户点击观看。

另外，最好不要等到发布短视频时再构思标题，而应在选题策划时就把标题想好，起码要有一个大致的标题选词思路。这样一来，短视频创作者在确定选题之后可以迅速让短视频标题跟进热点，帮助运营人员在后续工作中向热点贴近。

（五）选题内容多结合行业或网络热点

短视频创作者要提升新闻敏感度，善于捕捉并及时跟进热点，这样制作出来的短视频就可以在短时间内获得大量的流量曝光，快速增加短视频的播放量，吸引用户关注。但是，并非所有的热点都可以跟进，如时政、娱乐、军事等领域，如果跟进不恰当的热点，就有违规甚至被封号的风险。因此，短视频创作者要尽量避开这些领域的内容。

（六）远离平台的敏感词汇

当前，有关部门正在加强对短视频平台的管理，不断出台相关法律法规文件，而且每个短视频平台都对敏感词汇做出了规定，因此短视频创作者要时常关注政策导向和平台出台的相关管理规范，以防因为触发敏感词汇而导致违规。

短视频创作者可以参考各种推荐渠道，从中找到标题的关键词，或者使用短视频数据平台中的热词分析功能来确定标题。利用这个功能可以查看标题关键词的热度，短视频创作者可以通过关键词的热度来推断短视频的播放量。

（七）增强互动性

因为短视频中的内容要以用户需求为导向，所以短视频创作者一定要围绕用户来构架内容，其中很重要的一点就是互动性，而且互动性能够很明显地影响短视频的推荐量。

增强短视频互动性的方法主要有以下几种。

（1）选择互动性强的话题，用户普遍关注的热门话题往往会引发热烈讨论。

（2）有意识地引导用户。短视频创作者可以有意识地在短视频中加入一两句互动的话语，如“大家怎样清洗草莓？欢迎大家在评论区留言互动！”

（3）引发用户“吐槽”。短视频中可以出现一些常见的“梗”，引发用户的集体“吐槽”，这样也能吸引用户互动评论。

二、多渠道积累短视频选题

要想持续地输出优质内容，短视频创作者就必须拥有丰富的储备素材，因此要建立选题库。建立选题库主要有以下渠道。

（一）日常积累

短视频创作者一定要养成日常积累选题的习惯，通过身边的人或事，以及每天阅读的书籍和文章等，将有价值的选题纳入选题库，训练自己发现选题的敏感度。

（二）分析竞争对手的爆款选题

短视频创作者可以研究竞争对手的选题，搜集其选题，并进行整合与分析，从而获得灵感和思路，拓宽选题范围。短视频创作者可以进入卡思数据网站，获取竞争对手的账号数据，如粉丝量、集均点赞、集均分享、集均评论和爆款选题。

（三）收集用户想法

收集用户想法是一种自下而上的选题决策，可以帮助短视频创作者有效利用群体智慧，增强短视频的互动性，丰富短视频的内容。

收集用户想法的方法有以下两种。

（1）从自己的短视频账号评论或竞争对手账号评论中寻找有价值的选题。评论是短视频创作者与用户有效交流的渠道，它可以折射出用户的很多态度，如赞同、反对、质疑或者提出新的问题，这些都可以被发掘为短视频的选题。

（2）搜索关键词。在寻找选题时，短视频创作者可以使用不同的搜索引擎搜索关键词，常用的搜索引擎有百度、微博搜索、微信搜一搜、头条搜索等，然后对搜索到的有效信息进行提取、整理、分析与总结。

三、切入选题的方法

确定选题以后，短视频创作者可能会发现该选题与很多竞争账号中的内容相似。对于相似的选题，短视频创作者要选择不一样的切入点，以避免内容同质化，这样才能有机会制造话题爆点，超越竞争对手。

这是因为用户都有“喜新厌旧”的心理，某一类型的短视频可能一开始由于形式新颖受到用户的喜爱，但用户看多了就会产生审美疲劳，如果这个时候突然有与众不同且十分优质的内容出现在用户面前，用户肯定会感觉耳目一新。

因此，在确定选题以后，短视频创作者要设想竞争对手会怎么做，尤其是一些大家都想“蹭热点”的话题。当对竞争对手的观察足够细致和深入时，就会对其经常采用的短视频形式了如指掌，这时就要寻找与竞争对手不同的切入点，并列出若干个，从中找出最佳方案。

短视频创作者在切入选题时，要注意以下几点。

（一）有效整合各种物质要素

短视频创作者做短视频少不了资源方面的支持，如物力、财力、人力等物质要素，有效地整合这些物质要素，可以为短视频的创作提供极大的便利，否则就会步履维艰。

（二）以兴趣为支撑

“兴趣是最好的老师”，如果短视频创作者对某一领域有着浓厚的兴趣和饱满的热情，那么就可以支撑其在某个方向深耕，持续产出优质内容，深化内容的垂直性。不过，兴趣和专业不同，如果只有兴趣，没有专业能力，也无法保证短视频创作者持续地创作出优质的短视频。因此，要判断自己是否可以在选择的领域内深耕下去，短视频创作者要先对比同行业的头部账号，分析其短视频内容的深度和价值属性，判断凭借自己的兴趣是否能够稳定而持续地产出优质短视频。

（三）及时调整选题

短视频创作者在刚开始做短视频时，可能会有一段试错的路要走。一般来说，短视频创作者要先持续发布作品10天以上，并密切关注数据变化，以此来做预估和调整，然后判断是按照既定的选题做下去，还是调整选题方向或者内容形式。

在试错的过程中，短视频创作者要衡量短视频制作成本与短视频播放量、账户粉丝量的对比情况，从而把握账号的走向和市场情况，最后做出是否调整选题的决定。

第二节　农产品短视频的风格

短视频的风格决定了用户会通过什么方式记住短视频的内容及账号。农产品短视频的风格主要有以下几种，每一种风格都有其独特的魅力和受众群体。

一、真人出镜风格

真人出镜是“三农”短视频中最直接、最真实的一种风格。它通过创作者亲自出镜，以口头解说的形式向观众传递“三农”知识、分享农村生活。这种风格具有以下特点。

（一）亲近感强

真人出镜能够拉近与观众的距离，使观众感受到创作者的真诚和热情。创作者通过面对面的交流，能够更好地传递情感和信息，增强观众的信任感和认同感。

（二）互动性好

在真人出镜的短视频中，创作者可以通过表情、动作和语言与观众进行互动，引导观众参与讨论、分享经验。这种互动不仅能够提高观众的参与度，还能够增强视频的趣味性和吸引力。

（三）个性鲜明

每个创作者都有自己独特的个性和风格，真人出镜能够充分展示创作者的个性和魅力。通过不同的语言风格、穿着打扮和表达方式，创作者可以塑造出独特的个人形象，吸引更多粉丝关注。

二、过程展示风格

过程展示风格主要侧重于展示“三农”活动的具体过程和细节。这种风格通过镜头记录农作物种植、养殖、加工等过程，让观众了解“三农”活动的全貌和背后的辛勤付出。过程展示风格具有以下特点。

（一）真实性强

过程展示风格注重记录真实的“三农”活动场景，不添加过多的修饰和特效。这种真实性的展示能够让观众更加深入地了解“三农”活动的本质和内涵。

（二）教育意义大

通过展示“三农”活动的具体过程和细节，过程展示风格能够让观众学习到更多的农业知识和技能。这种教育意义的体现不仅能够提高观众的认知水平，还能够促进农村文化的传承和发展。

（三）趣味性高

过程展示风格可以通过镜头语言和剪辑技巧，将“三农”活动的趣味性展现出来。例如，通过特写镜头展示农作物的生长变化、通过快剪手法展示养殖活动的繁忙场景等，都能够吸引观众的眼球，提高视频的观看体验。

三、叙事Vlog风格

叙事Vlog风格以创作者的视角和经历为主线，通过讲述故事、分享经历的方式，向观众展现“三农”生活的点滴。这种风格具有以下特点。

（一）故事性强

叙事Vlog风格注重讲述故事，通过情节的起伏和转折，吸引观众的注意力。创作者可以通过自己的经历、见闻和感受，创作出具有感染力和共鸣力的故事，让观众产生情感共鸣。

（二）代入感强

叙事Vlog风格能够让观众产生强烈的代入感，仿佛亲身经历了创作者所描述的“三农”生活。通过创作者的视角和叙述，观众能够深入了解“三农”生活的细节和背后的故事，感受到农村生活的真实和美好。

（三）情感共鸣广

叙事Vlog风格能够触动观众的情感，引发广泛的情感共鸣。无论是喜悦、感动还是忧伤、思考，创作者都能够通过故事和情感表达，将观众带入自己的情感世界中，让观众产生共鸣和情感投射。

四、故事小剧场风格

故事小剧场风格通过编排剧本、设置场景和角色表演等方式，将“三农”故事以戏剧化的形式呈现出来。这种风格具有以下特点。

（一）戏剧化表现

故事小剧场风格注重戏剧化表现，通过夸张的表演、精彩的对话和紧凑的情节，吸引观众的眼球。创作者可以通过设定悬念、制造冲突和展现高潮等手法，使故事更加引人入胜、扣人心弦。

（二）角色塑造生动

在故事小剧场风格中，创作者可以通过对角色的塑造和表演，使角色形象更加生动鲜明。每个角色都有自己独特的性格、特点和情感，通过演员的表演和呈现，观众能够深入了解角色的内心世界和情感变化。

（三）创意性突出

故事小剧场风格需要创作者具备较高的创意性和想象力。通过创意的构思和编排，创作者可以将“三农”故事与戏剧元素相结合，创造出新颖独特、富有创意的作品。这种创意性的突出不仅能够吸引观众的注意力，还能够提升视频的艺术价值和观赏性。

五、创意表达风格

创意表达风格强调创新和个性，通过独特的创意和表达方式，将“三农”内容以新颖、有趣的形式呈现给观众。这种风格具有以下特点。

（一）创新性突出

创意表达风格注重创新和突破传统，创作者需要不断探索新的表达方式和呈现形式。通过运用新技术、新手法和新元素，创作者可以创作出具有独特风格和创意性的作品，吸引观众的关注和喜爱。

（二）个性鲜明

创意表达风格强调个性和特色，每个创作者都可以根据自己的特点和喜好，创作出独具特色的作品。这种个性化的表达不仅能够彰显创作者的个性和风格，还能够吸引具有相同兴趣和爱好的观众群体。

（三）趣味性高

创意表达风格通常以轻松、幽默的方式呈现“三农”内容，使观众在轻松愉快的氛围中了解和学习“三农”知识。

第三节　短视频内容创作

一、短视频内容创作方法

很多爆款农产品短视频看似一夜爆火，其实背后没有那么简单，这样的短视频大多是在精准定位、选题策划的基础上，打造出高质量的内容，满足了用户的观看需求。农产品短视频创作者要想打造高质量的内容，需要遵循以下方法。

（一）创作垂直化内容

如今短视频行业已从之前的“野蛮生长”走向了“精耕细作”，用户更愿意为专业化、垂直化的内容买单，这就要求创作者确立垂直化的内容创作方向，专注于某一领域，持续深耕，提高账号的辨识度，输出不一样的内容，为用户提供有深度的信息，从而吸引该领域的目标用户。

专业化的内容更具生命力和吸引力，标题和文案写得再好，如果内容没有价值，依然难以留住用户。打造能给用户带来收获、快乐和感动的视频内容，需要创作者具备专业的知识和能力。人的精力和时间都是有限的，所以创作者应专注于某一个垂直细分领域，最好是自己深耕多年的领域，这样会有源源不断的素材，可以用较少的精力生产出专业的、有价值的内容。

短视频的内容越垂直，就越容易引起特定用户的关注，而在垂直化内容的基础上加以深度挖掘，注重细节的体现，就可以保证用户的黏性，从而构建更为稳固的用户群体模式，最终获取经济效益。例如，农产品短视频中不仅要给人们带来美的视觉享受，还可以从农产品短视频的内容中获得一定的知识技能，满足自己对知识的渴求。

（二）坚持内容原创

随着短视频行业的发展，搬运类的短视频越来越难以获得用户的关注，也不会受到平台的推荐，“蹭热点”和模仿类的短视频可能会火一时，但获得长期且大量粉丝增长的可能性很小。短视频平台鼓励原创，会给原创内容分配更多的流量，因此原创内容才有未来，创作者必须大力提高短视频内容的原创度。这就要求创作的短视频要充满个性和创意，在内容上与众不同。

要想持续产出高质量的创意短视频，就要打造有创造力的团队，引进优秀人才，如编剧和策划，在拍摄前想出好的创意，并与短视频内容相融合。团队可以定期开选题会，一起进行头脑风暴，发散思维，串联起片段式的想法，形成新的创意，从而持续产出新的选题。团队还可以创建素材库，将平时收集到的创意素材储存到素材库中，当需要类似创意时，可以直接取用，进行创造性加工，从而完成最终的创意内容。

（三）为用户提供价值

现在短视频的内容越来越丰富，用户的欣赏品位也越来越高，他们只关注对自身有价值的短视频。因此，要想让短视频成为爆款，创作者就必须在短视频中为用户提供价值。

短视频的价值主要体现在以下几个方面。

1. 提供知识

人们需要不断地在生活和工作中吸收新的知识，学习新的方法，丰富自身的知识储备，提升自身的能力水平。当短视频可以为用户提供他们想要学习的知识时，自然会得到他们的认可，甚至成为其生活和工作中不可缺少的一部分。

短视频提供的知识要符合以下要求。

（1）实用，可以很快应用到生活和工作中，并获得良好的效果，比如打开核桃的小窍门。

（2）专业，具有一定的深度，能够丰富用户的知识量，比如核桃加工为核桃油、枣夹核桃等。

（3）易懂，讲解透彻，用户一看就能理解，而技能类知识可以让用户根据操作步骤或方法轻松上手实践，比如琥珀核桃的加工方法。

2. 提供娱乐

娱乐性的内容可以帮助用户缓解疲劳和压力，让人心情放松，这也是短视频能够为用户提供的重要价值。如今，很多垂直类账号在传播自身领域内容的同时，会或多或少地以娱乐化内容来展现，降低用户的接收门槛，让用户在轻松、愉悦的同时获取该领域的信息。

3. 提升用户的生活质量

人们在日常生活中会遇到各种问题，如果不解决这些问题，生活质量就可能受到影响。如果短视频中的内容可以为用户提供解决方案，帮助其解决问题，提升用户的生活质量，那么用户就会认为短视频内容非常有价值，从而对短视频进行点赞和转发分享。

（四）引发用户共鸣

短视频的内容往往会反映出创作者的价值观念，而这个观念是否能够与用户的观念趋于一致，是能否获得用户认同的重要影响因素。要想让短视频内容更好地打动用户，并使其产生共鸣，创作者可以在其中融入价值情感，使内容本身富有深意，从而引发用户的思考。

二、短视频内容创意方法

农产品短视频创作者要想持续生产优质内容，就要找到正确的内容创意方法，然后按照这些方法进行操作，才能做好短视频的持续运营。

（一）搬运法

搬运法是指从别的地方把一些自己认为不错的内容搬运过来作为视频素材进行二次创作，然后发布到自己的短视频账号上的一种方法。搬运法需要讲究技巧，不能直接照搬照抄他人的内容，而要对内容进行深加工和个性化创新。

1. 内容搬运的渠道

短视频内容搬运的渠道通常有以下3种。

（1）社交媒体。各大社交媒体是成熟的内容制作平台，如微信公众号、百度百家号上的图文信息，以及微博里的热搜信息，今日头条、抖音、快手里的各种短视频等，都可以作为搬运的内容。短视频创作者要善于在社交媒体上发现有创意的内容，并将其应用到自己的短视频创作中。

（2）视频网站经典影视剧。优酷、爱奇艺、腾讯视频等视频网站平台有很多经典的影视剧都非常吸引人，短视频创作者可以重新演绎这些经典影视剧中的片段，也可以重新剪辑某些经典镜头，从而创作出非常精彩的短视频作品。

（3）关注名人。名人本身自带巨大的流量，其一言一行都容易成为热点。借助名人效应，短视频创作者也可以创作出令人瞩目的短视频内容。

2. 对内容进行创新加工

短视频创作者时刻都要明白“搬运≠照抄”。对搬运的内容进行创新加工，赋予其自身特色，就可以让其焕发出新的光彩。在对搬运内容进行创新加工时，可以采用以下3种方法。

（1）创新展现形式。创新展现形式是指改变原来内容的展现形式。例如，如果搬运的内容是纯文字的，那么在进行视频展现时，可以把纯文字的内容转换为人物的台词，使用方言、说唱等人物表演的形式来呈现。

（2）创新内容。创新内容就是对搬运的内容进行加工改造。例如，如果搬运的内容是讲解道理的，就可以通过视频把这个道理讲成一个故事，这样用有剧情的故事来呈现比单纯地讲道理更能引起用户的情感共鸣。

（3）创新框架结构。创新框架结构也是一种对搬运内容进行创新加工的方法。例如，如果搬运的内容有一个大的框架，就可以把这个大的框架分成几个小板块。

（二）模仿法

在短视频平台中，一个常态化的现象就是一旦某个题材的视频爆火之后，就会有很多人竞相模仿，分享这个题材带来的热度，这就是模仿法。短视频创作新手由于创意有限，还不具备创作原创内容的能力，所以可以通过模仿来积累创作经验。通过模仿甚至可以创作出比原视频更具创意的短视频，这是一种帮助短视频创作者快速找到内容创意方向、实现快速引流的有效方法。模仿法又分为随机模仿和系统模仿。

1. 随机模仿

随机模仿是指短视频创作者发现哪条短视频比较火爆，就参考该条短视频拍摄同类型的短视频。

2. 系统模仿

系统模仿是指短视频创作者寻找一个与自己短视频账号运营定位相似的账号，对其进行长期的跟踪与模仿。短视频创作者要先分析该账号中短视频的选题方向、拍摄手法、运营策略等，然后将其运用到自己的短视频创作中，进行模仿拍摄。在模仿时，短视频创作者可以加入一些新的创意，从而形成自己的风格。

（三）扩展法

扩展法是指运用发散思维，由一个中心点向外扩散、不断延展内容的方法。扩展法又可以分为以下3个层次。

1. 人物扩展

运用扩展法首先要进行人物扩展。拿一张白纸，先画一个正方形，再将其分割成九宫格，然后将核心关键词写在正中间的格子内。将与核心关键词相关的联想任意写在旁边的8个格子内，尽量用直觉思考，不用刻意寻求正确答案。尽量扩充8个格子的内容，鼓励反复思考、自我辩证，也可以修改先前写下的内容。

2. 场景扩展

罗列出人物扩展关系以后，下一步要围绕人物扩展关系进行场景扩展，这样角色之间的冲突关系就会在每一个场景里体现出来。短视频创作者可以扩展出多段对话，为短视频内容创意提供参考。这种方法能够持续不断地扩展出符合现实场景的多种内容创意思路。

3. 事件扩展

有了人物和场景以后，还需要构思事件，进行事件扩展。选取“种植技术员和农民学员”这组人物，选择“葡萄园”这个场景，可以扩展出若干个事件，如种植技术员正在教农民学员整形修剪。有了具体的事件以后，就可以根据事件编写出对话和动作，作为情景短剧进行演绎。

（四）五步创意法

五步创意法，顾名思义就是需要用5个步骤来完成创意内容，具体如下。

步骤一：收集原始资料。原始资料分为一般资料和特定资料。一般资料是指人们日常生活中所见所闻的令人感兴趣的主题事实；特定资料是与主题有关的各种资料。短视频创作者所需要素大多从这些资料中获得，因此要获得有效的、理想的创意，原始资料必须丰富。

步骤二：内心消化。思考和检查原始资料，对所收集的资料进行理解性的吸收。

步骤三：放松自己。在这一阶段，短视频创作者尽量不要去思考有关问题，一切顺其自然。简而言之，就是将问题置于潜意识之中。

步骤四：产生创意。如果短视频创作者认真完成了上述3个步骤，那么灵感会自然而然地出现。换言之，创意往往是在竭尽心力、停止有意识的思考后，经过一段停止搜寻的休息与放松后出现的。

步骤五：修正创意。一个新的构想不一定很成熟、很完善，它通常需要经过加工或改造才能符合现实情况。

（五）嵌套法

嵌套法就是在故事里套故事、在场景里套场景，使视频内容更丰富有趣、信息量更大。具体来说，嵌套法的应用方法如下。

（1）制作一个故事脚本。

（2）制作另一个故事脚本。

（3）通过一个嵌入点，把第二个故事脚本嵌入第一个故事脚本。

（4）如此循环往复。

短视频创作者在生活中要注意观察，积累短视频创作素材，如果在媒体平台中看到有趣的素材，但是这个素材又太短，不足以拍成一个完整的短视频，就可以运用嵌套法，把素材嵌入已有的故事，让视频内容更丰富有趣、信息量更大。

利用嵌套法，短视频的信息量就会增加，表达就会更具戏剧性，更能引发用户观看的兴趣。因此，合理利用嵌套法对提升短视频的内容创作质量大有裨益。

三、农产品短视频内容创作要点

（一）巧扣热点做好内容策划

什么样的内容观众感兴趣？虽然不同的人有不同的兴趣点，但也有共性，那就是对热点的关注。短视频的创作就可以围绕热点展开。一些原产地的名优特产，如果能用短视频的形式，结合时下热点，展示新农民的新面貌，这样的内容是非常吸引人的。

（二）内容体现新农村新风貌

农村现在到底怎么样？这是很多城市人最感兴趣的。在乡村振兴的大背景下，农村正在发生着翻天覆地的变化。用短视频来展示新农村新风貌，是一种很好的营销。好山好水才能出好的农产品，只有充分亮出新农村的“新名片”，才能吸引消费者关注这片土地上出产的优质农产品。新农村的新风貌，可以是农村的人文、农村的田园风光，也可以是农民的精神风貌和农家趣事。

新农村生活的点点滴滴，都是好的短视频素材，都能够对农产品的营销起到很好的促进作用。

（三）乡情就是日常生活

乡情就是日常生活。短视频里，除了直观展示乡村场景，还可以表现乡情。乡情可以为农产品的营销打下很好的情感基础。

（四）简洁化、场景化

不同于其他构图精美、镜头质感十足的电影电视作品，农村电商创作者的短视频大多呈现的是简单甚至粗糙的视觉画面，没有精细的剪辑技巧，也没有背景音乐加以渲染衬托。他们用同期声画面呈现出乡村生活的常态，增加了受众的情景代入感和主观体验感。

（五）突出农产品优势

短视频的最大优势是生动直观，一目了然。因此，用短视频来进行农产品营销非常合适。那么，怎么样拍才能打动观众的心，激发他们的购买欲望？下面以水果为例。

第一，新鲜。产地直销，现买现摘。拍摄水果类短视频可展示果园全景和摘果子的镜头。

第二，好看。很多人吃过水果，但没有见过果实挂满枝头的情景，拍摄可以用近景、中景展示果实挂满枝头的情景。

第三，好吃。好吃是水果最重要、最吸引人的亮点，可以展示现摘水果、当场试吃的情景，对于水果的打开过程用近景展示，表现其多汁的果肉。镜头的冲击力能大大激发观众的购买欲望。

第四，物流保证。新鲜的农产品能快速到达购买者手中非常重要，要有充分的物流保证才能让观众坚定购买的决心。短视频中只要能充分展示农产品的优势特色，并且能保证又快又好地让购买者收到，这样的短视频营销往往能取得不俗的销售成绩。

四、农产品短视频的五大内容

（一）农村生活

农村生活类短视频要能生动地展现农村的节日、日常生活及风俗，主题要突出，内容要完整，可随手拍摄。人物属性一般比较突出，要有真人出镜，要有互动的镜头。短视频要做一定的剪辑，画面要比较精美。

（二）农业生产

农业生产类短视频的内容主要包括农业生产技术分享、农业技能展示、农业成果展示、农业机械的操作展示等。这类短视频一般会重点展示推进农业生产的过程或专业的技术内容。例如，展示大棚种植技术时，重点可以放在详细的技术介绍上面，不能随手拍摄。

（三）农村美食

农村美食类短视频的内容主要是介绍农村特色美食或展示农村特色美食的制作过程。美食制作过程要完整，拍摄环境要突出乡村的特点。美食制作全过程既可以做成一条短视频，也可以做成好几条短视频，但在标题中要注明。视频剪辑要有技巧，配乐要结合主题。需要注意的是，优秀的农村美食类短视频一般不涉及农村吃饭随手拍之类的内容。

（四）农村风景

农村风景类短视频的内容主要是介绍农村特色风景及特色乡村，或者展示新农村面貌。这类短视频一般主题明确，画面要突出田园风光的特点和魅力，让观众产生对田园生活的向往。

（五）赶海野钓

赶海野钓类短视频的场景一般在海上、海边、河边、湖边等，如出海捕鱼、农村休闲野钓等。这类短视频要突出环境的真实性，要善于捕捉过程中的亮点，让画面更有冲击力。

第三章　农产品短视频制作

第一节　常用的短视频拍摄工具

短视频的拍摄需要用到各种拍摄工具。主要包括拍摄设备、音频设备、灯光设备以及辅助器材。

一、拍摄设备

对于初期的短视频团队来说，拍摄器材用手机即可，因为现在手机的拍摄功能非常全面，基本可以满足新手的拍摄要求。经过一段时间的发展，在有经验和预算的情况下，运营者可以考虑微单和单反相机。机型的选择需要根据自身情况来看，通常8 000元左右的机型就可以满足拍摄需求了，如果有特别专业的拍摄需求，可再考虑高端机型。

（一）手机

目前人们拍摄短视频用得最多的拍摄设备就是手机。

1. 手机的优势

（1）轻便灵活，可以随身携带，可以随时拿出来拍摄，以免错过精彩瞬间。

（2）具有强大的美颜功能，包括美白、磨皮、瘦脸、滤镜等，已经成为人们在日常拍摄中经常使用的功能。

（3）在手机充满电的情况下可以连续拍摄数小时，有着极强的续航能力。

（4）拥有全自动对焦功能，在拍摄时焦点的选择可以交给手机自动处理。

2. 手机的劣势

与专业设备相比，手机主要有以下劣势。

（1）镜头能力弱。手机镜头的分辨率与专业设备相比较低，由于手机采用数码变焦功能，会把远处的物体直接放大，或者拍摄者移动机身取景，其图像质量相对较差。

（2）成像质量较差。受到体积和成本等因素的制约，手机摄像头的成像芯片质量较差，所以拍摄出来的短视频画面在放大以后可能会变得模糊不清，色彩还原度也不高。

（3）对光线和设备的稳定性要求高。如果使用手机拍摄短视频，在室内或夜晚光线不足时影像会模糊不清，镜头轻微抖动也会造成短视频画面模糊。

（二）微单相机

如果团队的预算有限，但又想改进短视频的画质，可以考虑使用微单相机。下面有3款微单可以参考选择。一是佳能M6MarkII，拥有3 250万的超高像素，还可以拍摄出无裁剪4K分辨率的超高清视频（图3-1）；二是索尼A6400微单相机，这款相机属于入门级微单相机，但是它的视频拍摄能力很强。它不仅可以拍摄4K分辨率的视频，并且在对焦上采用的是4D对焦系统，可以做到自动实时追焦；三是索尼ZV-E10微单相机，具有轻量小巧的特点，在拍摄短视频中非常方便，并且也支持4K分辨率视频的拍摄，还自带了自拍美颜功能。

图 3-1　佳能 M6Mark Ⅱ

（三）单反相机

当团队发展到稳定阶段，面向更广大的用户，甚至承接电商短视频广告时，对画质和后期的要求会越来越高，这时就需要考虑使用更为专业的单反相机拍摄短视频了。

单反相机的成像质量比微单相机和手机好，使用单反相机拍摄出来的画面更加清晰。单反相机的镜头样式多，包括定焦镜头、短焦镜头、长焦镜头等，可以满足更多的场景拍摄要求。

但是，单反相机的缺点也很明显，主要表现在3个方面：一是过于笨重，常规的单反相机重量为800～1 300克，拍摄者长时间将其端在手上对体力是个不小的考验；二是调整参数比较复杂，拍摄者必须熟悉快门、光圈、ISO感光度等参数之后才能灵活操作，否则会影响拍摄效果；三是电池续航能力差，很容易过热关机，在拍摄者外出拍摄时需要带上备用电池，或者找到稳定的电源供给。

二、音频设备

音频设备主要是话筒。在室内拍摄短视频时，由于拍摄现场比较安静，拍摄距离较近，手机和相机自带的收音设备一般可以满足收音需求。但是，当拍摄设备距离人物超过2米时，人声会与环境噪声混杂在一起，影响收音效果，这时就要用到话筒。

话筒分为有线话筒和无线话筒。有线话筒的收音效果要更好一些，而且不会受到电池的影响，在拍摄农民人物访谈等短视频时可以用有线话筒，将其夹在人物领口即可。当在室外拍摄活动场景类的短视频时，如运动或互动短剧，人物需要灵活地走动，这时就要用到无线话筒。当然，不管是有线话筒还是无线话筒，都要注意风噪问题，使用防风套能够很好地解决这个问题。

三、灯光设备

一般为了保证更好的拍摄效果，拍摄需要尽量配备光源。在短视频室内拍摄中，最常用的灯光设备主要是伞灯和柔光灯。

（一）伞灯

将不同质地和规格的反光伞装在闪光灯上方就成为伞灯（图3-2），其特点是发光面积大，光线柔和，反差弱。

图 3-2 伞灯

（二）柔光灯

在闪光灯上加上柔光罩，就成为柔光灯（图3-3）。柔光灯所发出的光是由闪光灯发出的直射光与反光罩的反射光混合后，再经柔光罩透射扩散而成的。其特点是照明均匀且充足，光线柔和，但方向一般强于伞灯，反差清晰，投影浓于伞灯，具有良好的层次表现。

图 3-3　柔光灯

四、辅助器材

拍摄短视频的辅助器材有很多，常用的有三脚架、稳定器、滑轨、摇臂、静物台等。

（一）三脚架

三脚架是短视频创作者拍摄短视频必备的基本工具之一，可以防止拍摄设备抖动而造成视频画面模糊（图3-4）。三脚架有很多种，有适合相机使用的，有适合手机使用的，还有适合放在桌面上使用的短三脚架。如果拍摄在桌面上手工制作、写字、画画等短视频，短三脚架是最合适的选择。

图 3-4　三脚架

由于短视频拍摄画面的比例要求不同，有的需要横屏，有的需要竖屏，若横屏拍摄一次，竖屏拍摄一次，就会费时费力，甚至出现细节差异，这时不妨使用多机位的三脚架同步拍摄，可以大大提升拍摄效率。

（二）稳定器

在拍摄人物追逐、骑单车、玩滑板等户外运动画面时，人物的运动速度很快，摄影器材要跟随人物运动。如果拍摄者手持拍摄设备，拍摄出来的画面会抖动得非常厉害，观众在观看时很容易头晕、烦躁，甚至会立刻把短视频关掉，以致影响短视频的完播率，而在拍摄设备上安装稳定器可以很好地解决这个问题。

稳定器的工作原理是：在多个方向安装移动轴，由内设电子稳定系统，如陀螺仪传感器计算出运动中的晃动方向和晃动距离，然后施以反向运动来抵消运动过程中的抖动。目前，稳定器主要分为两种，一种是手机稳定器（图3-5）；另一种是相机稳定器。

图 3-5 手机稳定器

（三）滑轨

如果人物或物品不移动，短视频中长时间呈现的固定画面会显得很死板。为了实现动态的效果，拍摄者可以使用滑轨让拍摄器材进行前推、后推和平移等操作。镜头前推可以营造出一种接近目标的感觉，镜头后推可以营造出一种娓娓道来的感觉，镜头平移或者围着目标旋转，可以拍摄出动感的画面，给观众以代入感，使短视频看起来更流畅。

（四）摇臂

摇臂（图3-6）可以极大地丰富镜头语言，增加镜头画面的动感和多元化，让观众产生身临其境的感觉。摇臂拥有长臂优势，使用它能够拍摄到其他摄像机不能捕捉到的镜头。不过摇臂的价格较高，个人或小团队可以用一些能够平稳运动的设备（如小推车、滑板、自行车等）代替。

图 3-6 摇臂

（五）静物台

纯白底的商品视频照片都是在曲面的静物台上拍摄的（图3-7）。实际拍摄中，静物台可以用桌子、椅子、纸箱来代替。

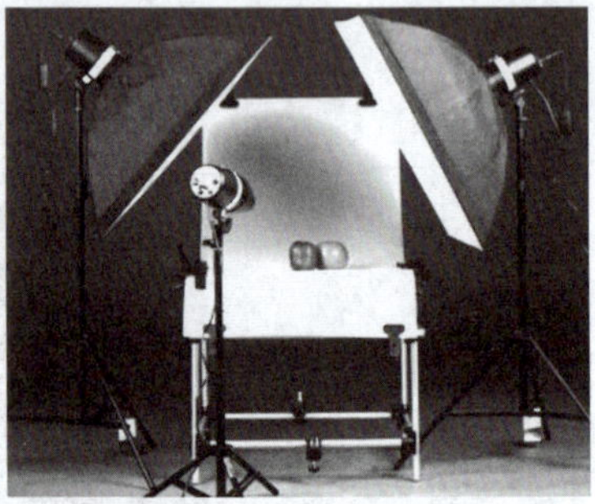

图 3-7　静物台

第二节　拍摄脚本的制作

一、拍摄脚本的构成

为了提高短视频拍摄的效率，短视频团队一般先要建立一个拍摄提纲，这就是拍摄脚本。脚本是人物表演和后期剪辑的指导，还能用于预判视频的拍摄制作成本。短视频制作脚本参考模板如表3-1所示。

表3-1　短视频制作脚本参考模板

拍摄序号	镜头时间	拍摄手法（平、仰高、俯、跟）	景别（中、远、近、特、侧）	拍摄画面（内容概括）	拍摄地点	拍摄道具	声音
1			近景				
2			近景+特写				
3							
……							
仅限拍摄部分，实际操作中，根据实际情况调整							

通常，一个完整的短视频拍摄脚本包含以下几个关键组成部分。

（一）基本信息

短视频拍摄脚本的开头部分，通常包括视频的基本信息，如视频名称、类型、时长、目标受众、主题或核心概念等。这些信息有助于制作团队对视频的整体风格和定位有一个清晰的认识，为后续的创作提供方向。

（二）场景描述

场景描述是短视频拍摄脚本中的重要部分，它详细描述了每个镜头的拍摄环境、背景布置、道具摆放等。通过场景描述，制作团队可以预先规划好拍摄场地，准备好所需的道具和布景，确保拍摄时能够高效地进行。

（三）镜头描述

镜头描述是短视频拍摄脚本中的核心部分，它详细规划了每个镜头的拍摄角度、景别、运动方式等。制作团队可以根据镜头描述，选择合适的拍摄设备和拍摄手法，以达到预期的画面效果。同时，镜头描述还可以帮助演员和摄影师更好地理解导演的意图，提高拍摄效率。

（四）角色动作与表情

在短视频中，角色的动作和表情对于传达情感和推动剧情发展至关重要。因此，在脚本中详细描述角色的动作和表情是非常必要的。这包括角色的肢体动作、面部表情、眼神交流等，以确保演员能够准确地把握角色的情感和状态。

（五）对白与旁白

对白和旁白是短视频中传递信息和表达情感的重要手段。对白是角色之间的对话，通过对话可以展现角色的性格和关系，推动剧情发展。旁白则是解说员或角色的内心独白，用于解释画面内容、补充背景信息或表达情感。在脚本中，需要详细记录对白和旁白的内容，以便演员和解说员准确地进行表演和录制。

（六）音效与背景音乐

音效和背景音乐是短视频中不可或缺的元素，它们能够增强画面的表现力和感染力。音效包括环境音、动作音等，能够营造出真实的场景氛围。背景音乐则用于营造情感氛围、增强节奏感或引导观众的情绪。在脚本中，需要注明每个镜头所需的音效和背景音乐，以便后期制作时能够精确地添加。

（七）时间码与时长

时间码和时长是短视频拍摄脚本中的重要信息，它们用于控制视频的节奏和长度。时间码记录了每个镜头的起始和结束时间，有助于剪辑师在后期制作时精确地剪辑画面。时长则限制了整个视频的播放时间，确保视频能够在规定的时间内完整地传达信息。

（八）拍摄要求与注意事项

除了以上几个关键组成部分外，短视频拍摄脚本还可能包括一些拍摄要求和注意事项。这些要求可能涉及拍摄设备的选择、拍摄环境的特殊要求、演员的表演风格等。注意事项则可能包括安全问题、拍摄进度控制、场地协调等。这些要求和注意事项有助于制作团队在拍摄过程中保持高效和协调。

二、脚本的写作

短视频脚本的写作包括确认主题、写作准备、确定要素和填充细节4个主要步骤。

（一）确认主题

短视频的内容通常都有一个主题，主题可以展示内容的具体类型。例如，蔬菜产品相关的短视频，其内容应始终围绕产品本身来展开，而产品本身可能涉及新鲜、绿色、实惠等多种主题。明确的主题可以为后续的脚本写作奠定基调，让短视频内容与对应账号的定位更加契合，有助于提升短视频内容的吸引力，突出账号风格。所以，撰写短视频脚本时，应当先确定主题。

（二）写作准备

写作准备是指为撰写短视频脚本进行一些前期准备，主要包括确定拍摄时间、拍摄地点和拍摄参照等。

1. 确定拍摄时间

确定拍摄时间有两个好处：一是能够落实拍摄方案，为短视频拍摄确定时间范围，从而提高工作效率；二是可以提前与拍摄者约定拍摄时间，规划好拍摄进度。

2. 确定拍摄地点

提前确认好拍摄地点有利于短视频内容框架的搭建和内容细节的填充，因为不同的拍摄地点对于布光、演员和服装等的要求不同，会影响最终的成片质量。例如，水果蔬菜等产品短视频通常会选择果园、农田等产品产地作为拍摄地点，提前确认这一点有助于在脚本中明确拍摄布光、演员服装等细节。

3. 确定拍摄参照

通常情况下，短视频脚本描述的拍摄效果和最终成片的效果会存在差异。为了尽可能避免这种差异，可以在撰写短视频脚本前找到同类型的短视频，与拍摄者沟通，说明具体的场景和镜头运用，这样摄像才能根据需求进行内容拍摄。

（三）确定要素

做好前期准备工作后，就可以根据设计好的短视频内容确定脚本中需要展现出来的相关要素，也可以说是确定通过什么样的内容细节以及表现方式来展现短视频的主题，并将这些内容要素详细地记录到脚本中。

1. 内容

内容是指具体的情节，就是通过各种场景呈现主题，而脚本中具体的内容就是将主题拆分成单独的情节，并使之能用单个的镜头展现。

2. 镜头运用和景别设置

镜头运用是指镜头的运动方式，包括推、拉、摇、移等。景别设置是选择拍摄时使用的景别，如远景、全景、中景、近景和特写等。相关内容将在第三节中详细介绍。

3. 时长

时长是指单个镜头的时长。撰写脚本时，需要根据短视频整体的时长以及主题和主要矛盾冲突等因素来确定每个镜头的时长，以方便后期剪辑处理，提高后期制作效率。

4. 人物

短视频脚本中要明确演员的数量，以及每个演员的人物设定、作用等。

5. 背景音乐

符合短视频画面气氛的背景音乐是渲染主题的有效手段。例如，以时尚街拍为主题的短视频，可以选择快节奏的嘻哈音乐；拍摄民族服装展示类短视频，则可以选择古典音乐或民族音乐；拍摄生鲜或食品短视频，则可以选择轻音乐、暖音乐等。在短视频脚本中明确背景音乐，可以让摄像更加了解短视频的调性，也让剪辑的工作更加顺利。

（四）填充细节

短视频内容质量的好坏很多时候体现在一些细节上，例如，一句打动人心的台词，或某件唤起用户记忆的道具。细节可以加强用户的代入感，调动用户的情绪，让短视频的内容更有感染力。

1. 拍摄方式

拍摄方式是指拍摄设备相对于被摄主体的空间位置，包括正拍、侧拍或俯拍、仰拍等。不同的拍摄方式展现的效果是截然不同的。

2. 台词

无论短视频内容中有没有人物对话，通常台词都是必不可少的。台词是为了镜头表达准备的，可起到加强人物设定、助推剧情、吸引用户留言和增强粉丝黏性等画龙点睛的作用。台词应精炼，恰到好处，能够充分表达主题。例如，60秒的短视频，台词以在180个字以内为宜。

3. 道具

在短视频中，好的道具不仅能够起到助推剧情发展的作用，还有助于优化短视频内容的呈现效果。道具会影响短视频平台对短视频质量的判断，选择足够精准妥帖的道具会在很大程度上提高短视频的流量、用户的点赞数和评论数等。例如，在烹饪电器产品短视频中，通常会涉及多种美食的制作展示，对应的食材就是拍摄短视频的道具。但是，道具只能起到辅助的作用，不能喧宾夺主。

4. 影调运用

影调是指画面的明暗层次、虚实对比和色彩的色相明暗等之间的关系。影调的运用应根据短视频的主题、类型、事件、人物和风格等来综合确定。在短视频脚本中，应考虑画面运动时影调的细微变化，以及镜头衔接时不同镜头的色彩、影调变化。简单地说，影调要与短视频的主题契合，例如，冷调配悲剧、暖调配喜剧等。

三、带货短视频脚本的写作技巧

带货短视频是目前网络中常用的电商营销方式之一。很多内容创作者并不是短视频达人，也没有足够的用户流量，这时就可以使用一些带货短视频脚本的写作技巧，从而拍摄出能够吸引用户的产品短视频，激发用户下单购买的热情。

（一）罗列卖点

罗列卖点是电商常用的带货短视频脚本的写作方法，脚本中通常会罗列产品核心卖点，并尽量组织简单的文案一次性告知用户。例如，枇杷产品的带货短视频脚本可以直接分为4个镜头罗列卖点。一是在一片挂满枇杷的果园树上随手摘下一个大枇杷（原生态种植）；二是用手轻松地剥开枇杷外皮（皮薄肉厚）；三是用嘴咬上一大口，一脸陶醉的样子（味美多汁）；四是满满的一大箱枇杷，然后告诉用户价格并包邮到家（便宜量多且包邮）。

（二）说明介绍

短视频脚本内容类似产品的操作手册或说明书，介绍这款产品的使用情况，主要包括产品的外观和特点细节，以及产品的优越性等方面，农产品也适合采用这种方法撰写短视频脚本。

（三）效果展示

效果展示是直接向用户展示产品的结果、形态，主要包括产品本身的状态，如树上挂满了成熟的水果、烹饪蔬菜的情景。

（四）过程展示

过程展示是指向用户展示一个产品或设计从无到有的被做出来的过程，如房屋装修、艺术设计和美食制作等。例如，美食达人拍摄的短视频可以是手工制作蛋糕的完整过程。用户可以通过观看完整的过程来增加消费信心，内容创作者可以通过短视频树立自己的专业形象。

（五）对比

对比可以让用户下定购买产品的决心。产品对比主要包含价格、质量和福利3个方面的内容。例如，在水果质量和价格差别不大的情况下，推出买一箱水果送一袋小零食的福利，这样就更容易留住用户购买产品。

（六）测试

测试的目的是打消用户对产品质量的疑虑，增加用户下单购买的信心。例如，对鱼竿产品质量进行测试，很常见的就是把鱼竿放在路边，用车压、用脚踩，几个成年人同时踩，以及用鱼竿拖很重的物体等。

（七）数量展示

采用数量展示的方法撰写的脚本比较适合销量较大的套餐产品。例如，数量展示脚本的写作思路通常是用户给钱要求买产品，商家说钱多了，然后就给用户拿产品，一边拿一边数数，最后告知用户可以用极少的钱买到很多产品还包邮到家；或者商家拿出一个纸箱，往纸箱里放不同的产品，一边放一边数，直到把纸箱装满，然后告诉用户只需要一个很优惠的价格就能包邮到家。

四、编制脚本的注意事项

脚本要体现出对话、场景演示、布景细节和拍摄思路，需要注意以下几个要点。

（一）消费者

消费者才是短视频创作的出发点和核心。站在消费者的角度，消费者思维至上，才能创作出消费者喜欢的作品。

（二）情绪

比起传统长视频，短视频不是只有文案和光影的堆砌，还需要更丰富的情绪表达。

（三）细化

短视频就是通过镜头讲述故事，镜头的移动和切换、特效的使用、背景音乐的选择、字幕的嵌入，这些细节都需要细化，以确保整个场景流畅。

第三节　短视频的拍摄

一、高质量农产品短视频的标准

（1）画面清晰、干净，场景不杂乱，镜头没有明显的抖动。

（2）封面清晰、有看点，贴近视频主题。

（3）背景音乐清晰、与内容匹配，不低俗。

（4）标题与内容契合，简单明了。

（5）视频画面饱满，没有明显的边框，以竖版为主。

（6）视频时长一般长于10秒，不会为了延长视频时长而重复某个镜头或画面；内容完整，具有原创性，有明显的主题，符合“三农”特点。

（7）题材有记忆点，形成稳定、独特的内容风格，如农业技术科普、农村生活介绍、农村美食介绍等。

（8）真人出镜，人格化属性突出。真人出镜有利于促进与用户的互动，但出镜人要言行得体，不能传播负能量。

（9）品牌化经营，人格化表达。只有让大家第一时间记住你的个人IP，才能获得更大的影响力和更多的变现渠道。

二、短视频拍摄布景

拍摄者要想提升画面的整体品质，就要对短视频的场景进行重新布置。

（一）更换背景

在短视频中，背景虽然不是最主要的关注点，但对画面的整体形象有很大的影响。背景的面积往往在画面中占比最大，虽然人们的视觉焦点不在画面背景上，但是画面背景影响画面中主体的形象气质，也影响短视频的整体风格基调。要想更换短视频背景，拍摄者要根据短视频节目的内容和定位来确定。

如果短视频节目主要取外景，更换背景只需更换拍摄场地即可，而拍摄者要想在室外把布景做得非常好是很困难的，需要耗费的时间成本和物质成本很大，而且也很难出现想象中的效果。对于短视频创作来说，最实惠的做法就是遵循减法原则进行外景取景，即尽量找一个简单、干净的背景，而在这种模式下想形成一个比较完整的风格就要靠后期剪辑包装了。

如果短视频节目主要取内景，拍摄者可以用墙面作为背景，把墙面刷成任意想要的颜色，或者在墙面上增加一些书架、花卉、照片等物品来进行装饰。这种方法成本低、效果明显，适用于短视频小团队操作。

（二）布置好装饰品

拍摄者在布置装饰品时，使用装饰品的样式不用太多，只要能够凸显品质感即可。装饰品的布置要遵循两个原则：一是装饰风格要与短视频节目的风格调性相符，例如，农产品类短视频的装饰风格最好不要幽默搞笑风，以免让观众产生错乱感；二是装饰品不能过于抢眼，喧宾夺主，以免让观众忽略短视频的内容，只记得短视频中出现的装饰品，而完全背离了拍摄者的初衷。

（三）使用绿幕

绿幕在电影特技中很常用，因为电影中的很多场景在现实中很难实现，必须借助绿幕来实现。绿幕的优点是便于软件处理，幕布的颜色部分设置成透明，加上需要的背景，主体特效就出来了。在创作短视频时，拍摄者可以在绿幕环境中拍摄，然后用软件将画面内容抠出，与背景进行合成即可。不过，这种方式需要专业的后期人员，成本也会增加，所以不建议短视频小团队采用。

三、画面景别的设计

景别是指在焦距一定时，摄像机与被摄主体的距离不同，而造成被摄主体在摄像机录像器中所呈现出的范围大小的区别。景别一般可划分为5种，由近至远分别为特写、近景、中景、全景、远景。交替使用各种不同的景别可以使短视频的剧情叙述、人物思想感情表达、人物关系的处理更具表现力，从而增强短视频的感染力。

（一）特写

特写是指拍摄一件物品或一个人的某一细节的镜头（图3-8）。特写的画面内容比较单一，可以起到放大形象、强化内容和突出细节的作用。

图 3-8　西红柿特写

在表现人的角色时，特写可以突出角色的面部表情和细节动作，如吃苹果的面部表情，使观众更容易理解角色性格、内心活动和复杂的关系；在表现物品时，特写可以很好地表现物品的线条、质感和色彩等特征。另外，在有故事情节的短视频中，物品的特写还可能隐藏着重要的戏剧因素。

环境因素在特写画面里几乎可以忽略不计，因为这时观众的视觉已经被特写画面所占据，观众不易观察到特写画面中人或物品所处的环境。因此，拍摄者可以利用特写来转换场景和时空，以避免不同场景直接连接在一起产生突兀感。

（二）近景

近景是表现人物胸部以上或景物局部面貌的画面，常被用来细致地表现人的面部神态和情绪。因此，近景是将被摄主体推向观众眼前的一种景别。

在近景画面中，环境空间被淡化，处于陪体地位。在很多情况下，拍摄者利用一定的手段将背景虚化，背景环境中的各种造型元素都只有模糊的轮廓，这样有利于更好地突出主体。

（三）中景

中景主要用于表现人物膝部以上的部分或场景的局部画面，由于取景范围较宽，可以在同一画面中拍摄几个人的活动，所以有利于交代人与人之间的关系。在短视频拍摄中，中景的使用较多，大都用于需要识别背景或交代动作路线的场合。

中景不仅可以加深画面的纵深感，表现出特定的环境与气氛，而且通过镜头的组接，还能把某一冲突的经过叙述得有条不紊，所以常用于叙述剧情。因此，中景是人物活动拍摄中最主要和最常用的景别。

在拍摄中景画面时，拍摄者要注意拍摄角度、演员调度和姿势等的灵活变化，尤其是拍摄人物的中景时，不要把画面卡在人物的腿关节部位。

（四）全景

全景是指拍摄人物全身形象或场景全貌的画面，体现人和物品形象的完整性，具有描述性、客观性的特点，多用于塑造人物形象和交代环境，展现人物与环境之间的关系。全景画面能够完整地表现人物的行为动作，所以可以反映人物的内心情感、性格和心理状态。

在全景画面中，人物的头顶以上与脚底以下要有适当留白，不能“顶天立地”，否则会有堵塞感；但也不要将空间留得过大，否则会造成人物形象不清楚，降低画面的利用率。

（五）远景

远景是景别中最远、表现空间范围最大的一种景别（图3-9），一般用于在开篇介绍大的宏观环境，表现事件发生的地点，烘托整个故事的氛围。远景中的人物所占面积很小，甚至成为点状，整体感较强，不突出细节。结尾的远景画面可以形成一种远离情节的视觉感受，给观众回味的空间。

图 3–9　远景

四、光线的运用

拍摄者要学会巧妙地运用光线，制造不同的明暗造型效果，拍摄出令观众赏心悦目、印象深刻的内容，否则千篇一律的画面风格会让观众形成审美疲劳，逐渐失去观看短视频的兴趣。在运用光线时，主要有以下技巧。

（一）使用自然光

在运用光线拍摄短视频时，自然光是优于人为打光的，如果拍摄者有条件使用自然光，则优先使用自然光。

要想运用好自然光，拍摄者就要学会感受光。一天之中，太阳光因早晚时刻不同，照明的强度和角度是不一样的。早上光线太弱、太暗，不适合拍摄；而中午的太阳光太亮，容易造成拍摄曝光，甚至光线太强，气温太高，会影响被摄主体在镜头前的状态；最好的拍摄时间是14：00—17：00。自然光的缺点是外界干扰因素很多，光线不稳定，甚至有时会因为太阳逐渐落下，导致拍摄位置一直在改变。

（二）使用相机调节光线

调大相机光圈可以增加进光量，使画面更亮，背景虚化能力会增强；调小光圈光线会使画面变暗，背景虚化能力也会减弱。感光度也可以调整画面的明暗效果，如果对背景虚化有要求，拍摄者可以使用感光度调节明暗。室内画面往往会有色差，调节白平衡（色温）可以改变画面的色调，冷色调对应高数值色温，暖色调对应低数值色温。

（三）使用道具布光

如果室内光线较暗，拍摄者可以使用“三灯布光法”来突出主体。

1. 主灯

主灯是主光，通常用它来照亮场景中的主要对象与其周围区域，并且担任给主要对象投影的功能。主光决定主要的明暗关系，包括投影的方向。根据任务的需要，主光也可以用几盏灯来共同完成。例如，主光在15°～30°的位置上，称为顺光；在45°～90°的位置上，称为侧光；在90°～120°的位置上，称为侧逆光。常用聚光灯作为主光。

2. 辅灯

辅灯是补光，用一个聚光灯照射扇形反射面，以形成一种均匀的、非直射性的柔和光源，用它来填充阴影区以及被主光遗漏的场景区域，能够调和明暗区域之间的反差，同时形成景深与层次。补光具有广泛均匀布光的特性，可以为布景打一层底色，定义布景的基调。由于要达到柔和照明的效果，通常补光的亮度只有主光的50%～80%。

3. 轮廓灯

轮廓灯是背光，作用是将主体与背景分离，凸显空间的形状和深度感，特别是当主体所处的背景很暗时，如果没有轮廓灯，主体和背景就难以区分。轮廓灯通常是硬光，用于强调主体轮廓。

（四）合理设计光位

光位又称光线位置，指光源相对于被摄主体的位置，也就是光线的方向与角度。光位分为顺光、逆光、侧光、顶光和脚光。

1. 顺光

顺光是指从正面照射到被摄主体的光。顺光会使被摄主体的受光面均衡，可以全面表现被摄主体的质感，影调比较柔和。不过，顺光一般不利于表现物体的空间感和立体感，影调比较平淡、单调，层次感弱，缺乏起伏、明暗的视觉节奏效果，更不宜表现空间感大、物体数量众多的景物造型。

2. 逆光

逆光又叫背面光，是指来自被摄主体后面的光。逆光很容易造成被摄主体曝光不充分，但合理运用可以清晰勾勒被摄主体的轮廓，分离被摄主体与背景，从而增强画面的层次感和空间透视效果。

3. 侧光

侧光是指从被摄主体左侧或右侧照射的光。侧光能使被摄主体的明暗面对比鲜明，画面明暗配置和反差鲜明清晰，层次丰富，有利于表现被摄主体的纵深感和立体感，但拍摄者要注意明暗面在画面造型中所占的比例。在拍摄人物时，拍摄者使用侧光能够表现人物情绪，通常会在特写画面中将侧光打在人物脸部一侧。侧光的缺点是会形成一半明一半暗的过于折中的影调和层次，在拍摄大场面的景色时会显得光线不均衡。

4. 顶光

顶光是指来自被摄主体顶部的光。人物在这种光线下，头顶、前额、鼻头很亮，下眼窝、两腮和鼻子下面完全处于阴影之中，会形成一种反常、奇特的形态。因此，一般避免使用这种光线拍摄人物，但短视频在营造压抑、恐怖、紧张的气氛时可以使用顶光。

5. 脚光

脚光是指从脚下地面的高度向上照射的光。脚光可以填补其他光线在被摄主体下部形成的阴影，或者表现特定的光源特征和环境特点。如果将其作为主光拍摄，会给人一种恐怖、神秘、古怪的感觉。

五、画面构图的设计

构图是表现短视频内容的重要因素，拍摄者根据画面的布局和结构，运用镜头的成像特征和自己的拍摄手法，在主题明确、主次分明的情况下，可以拍摄出简洁、多样、统一的画面。恰当的画面构图能让短视频画面更富表现力和艺术感染力。

短视频画面构图的基本要素包括被摄主体、陪体和环境。

（一）被摄主体

被摄主体指摄像师要表现的主要对象，它既是内容表现的重点，也是短视频主题的主要载体，同时是短视频画面构图的结构中心。

（二）陪体

陪体指在画面中与被摄主体有紧密联系，或者辅助被摄主体表达主题的对象。陪体可以增加画面的信息量，使画面更生动、自然，但陪体只能起到陪衬作用，不能喧宾夺主，画面中的陪体和被摄主体要主次分明。

（三）环境

环境指围绕着被摄主体和陪体的环境，包括前景和后景两个部分。前景是位于被摄主体之前，或者靠近镜头位置的人或物，有时也可能是陪体；后景是位于被摄主体之后的人或物，一般多为环境的组成部分。

六、拍摄角度的设计

在短视频的拍摄过程中，拍摄角度是影响视觉效果的关键因素之一。对同一拍摄对象而言，不同方向、不同角度的拍摄可以产生不同的视觉形象和画面结构，从而给人带来截然不同的视觉感受。拍摄角度主要涉及拍摄视角、拍摄方向和拍摄高度这3个因素。

（一）拍摄视角

拍摄视角是从心理层面对拍摄角度进行区分，包括客观性角度和主观性角度。了解和掌握客观性角度和主观性角度的不同特点，可以帮助拍摄者更加深入地展现拍摄角度的造型作用，丰富画面表现手段，从而根据特定的内容要求创作出更加新颖、独特的短视频画面。

1. 客观性角度

客观性角度是指依据人们日常生活中的观察习惯而进行的旁观式拍摄，是拍摄时运用得最为频繁、最为普遍的拍摄角度和拍摄方式。拍摄者使用客观性角度拍摄的画面就好像有人在现场参与事件进程，观察人物活动，欣赏风光景色一般，所以更贴近生活。

客观性角度是基础性的拍摄角度，如拍摄人物和人物间的交流、活动。在选择拍摄方向时注意叙事性的情节重点，客观真实地以画面表现；即使是俯仰拍摄，也应有必要的情节依据和生活依托，如上山下山、躺卧站坐等不同情况，都是如实记录，很少变形。

2. 主观性角度

主观性角度是一种模拟画面主体（如人、动物、植物和一切运动物体）的视点和视觉印象来进行拍摄的角度。主观性角度追求的是主观表现性，是不同寻常的画面效果和出人意料的视觉感受。从某种程度上说，主观性角度是影视造型语言中独特的造型手段。

由于拟人化的视点运动方式，主观性角度更容易调动人们的参与感，吸引人们的注意力，引起人们强烈的心理感应。一般来说，以主观性角度所拍摄的画面往往组接在以客观性角度所拍摄的画面之后，起到加强画面主观色彩，形成新颖独特的画面造型的作用。

（二）拍摄方向

拍摄方向是指以被摄主体为中心，在同一水平面上围绕被摄主体四周选择的摄影机位。在拍摄距离和拍摄高度不变的基础上，不同的拍摄方向可以形成不同的构图形式，展现被摄主体不同的侧面形象，以及主体与陪体、主体与环境的不同组合的关系变化。

1. 正面方向

拍摄者选择正面方向拍摄时，摄像机的镜头在被摄主体的正前方。正面方向拍摄可以更好地表现被摄主体的正面特征；当被摄主体为景物时，可以凸显其庄严稳重、严肃静穆的气氛。正面拍摄人物可以展现人物完整的面部特征和表情，当使用平角拍摄和近景景别时，画面人物和观众可以面对面交流，让人产生代入感、参与感和亲切感。

正面方向拍摄的不足之处在于被摄主体的透视感和立体效果较差，一旦画面布局不太合理，如被摄主体在画面内占比过大，很容易封锁观众的视线，使被摄主体显得呆板而无生气，缺乏动感。

2. 侧面方向

拍摄者选择侧面方向拍摄时，摄像机的镜头与被摄主体的正面成90°，即正左方和正右方。如果被摄主体的正面轮廓不如侧面轮廓鲜明、清晰，拍摄者可以选择侧面方向进行拍摄（图3-10）。

图 3-10 侧面方向拍摄

侧面方向拍摄可以突出被摄主体侧面的特点，并强调被摄主体的动作线条、运动方向和运动姿态，还可以表现人物之间的交流、冲突或对抗，强调人物交流中双方的神情，并兼顾其活动以及双方的平等关系。侧面方向拍摄的不足在于其不利于展示立体空间。

3. 斜侧面方向

拍摄者选择斜侧面方向拍摄时，摄像机的镜头在被摄主体正面、背面和正侧面以外的任意一个水平方向。

斜侧面方向拍摄既可以表现被摄主体正面的细节，又可以表现一部分被摄主体侧面的特征，可以使被摄主体产生明显的形体透视变化，使画面活泼、生动，有较强的纵深感和立体感，从而更好地表现被摄主体的立体形态和空间深度。同时，斜侧面方向拍摄既有利于安排主体和陪体，分出主次关系，又有利于调度和取景，所以是拍摄中运用最多的一种拍摄方向。

4. 背面方向

拍摄者选择背面方向拍摄时，摄像机的镜头在被摄主体的背后，即正后方。背面方向拍摄可以让人产生与被摄主体的视线相同的主观效果，使人产生参与感；有时用来改变主体和陪体的位置关系。很多展示现场的画面经常采用背面方向拍摄，给人以强烈的现场感。由于人们不能直接看到被摄主体的面部表情，所以会留下思考和联想的空间，引起好奇心和兴趣。此外，背面方向拍摄还可以含蓄地表达人物的内心活动。

（三）拍摄高度

拍摄高度是指摄像机镜头与被摄主体在垂直平面上的相对位置或相对高度，这种高度的相对变化形成了平角拍摄、俯角拍摄和仰角拍摄3种不同的情况。

1. 平角拍摄

拍摄者选择平角拍摄时，摄像机的镜头与被摄对象处于同一水平线，视觉效果与日常生活中人们观察事物的正常情况相似，被摄对象不易变形，可以给人留下平等、客观、公正、亲切、冷静的感觉，画面的真实感强（图3-11）。

图 3-11　平角拍摄

使用长焦镜头进行平角拍摄可以把纵向运动的物体较长时间地保留在画面中，同时又能因地平面上被摄对象与镜头焦距的距离压缩而使画面形象饱满，甚至可以使画面产生能够被人接受的某些夸张效果，如拥挤、堵塞等。

在处理平角拍摄的画面时，拍摄者要重点考虑地平线，一般情况下要避免地平线平均分割画面，否则中间等分的地平线上会压缩远近景物，显得既呆板又单调。

2. 俯角拍摄

拍摄者选择俯角拍摄时，摄像机的镜头会高于被摄主体水平线，形成一种自上往下、由高到低的俯视效果（图3-12）。

图 3-12 俯角拍摄

俯角拍摄适合表现开阔的景色、规模宏大的场面和景物的曲线构图。俯角拍摄会把前后景都呈现出来，前景大，后景小，有利于表现画面的纵深感和物体的立体感。

在展示场景内的景物层次、规模等方面，在表现整体气氛和宏大气势时，采用俯角拍摄效果更佳。在俯角拍摄某个人物的状态时，拍摄出来的画面会让人产生一种被摄人物低微、陷入困境、软弱无力、压抑、低沉的感觉；在表现人物活动时，俯角拍摄宜于展示人物的方位和阵势；俯角拍摄一个事件的发生，可以表现其整体气氛、矛盾双方的力量对比和相互关系。

3. 仰角拍摄

拍摄者选择仰角拍摄时，摄像机的镜头低于被摄主体水平线，形成一种从下往上、由低到高的仰视效果（图3-13）。

图 3-13 仰角拍摄

仰角拍摄使地平线处于画面下端或从下端出画，常出现以天空或某种特定物体为背景的画面，可以净化背景，达到突出主体的目的。仰角拍摄能将垂直方向伸展的被摄主体在画面上展开，有利于强调其高度和气势。在表现人物时，仰角拍摄的画面往往带有赞颂、敬仰、自豪、骄傲等感情色彩，常用于表现崇高、庄严、伟大等气概和情绪。

仰角拍摄使画面前景凸显，背景相对压缩，当用广角镜头拍摄时，画面会表现出强烈的透视效果。仰角拍摄跳跃、腾空等动作时，能够夸张地表现跳跃高度和腾空动作，具有很强的视觉冲击力。

七、运动镜头的设计

运动镜头是指通过机位、焦距和光轴的运动，在不中断拍摄的情况下形成视角、场景空间、画面构图、表现对象的变化。运动镜头可以增强画面的动感，扩大镜头的视野，影响短视频的速度和节奏，赋予画面独特的寓意。在短视频作品中，完全静止的画面是很少的，运动镜头是主要的表现形式。

常见的运动镜头有以下几种。

（一）推镜头

推镜头是指摄像机向被摄主体的方向推进，或者变动镜头焦距，使画面框架由远及近向被摄主体不断接近的镜头。随着摄像机的前推，画面经历了远景、全景、中景、近景、特写的完整或不完整的过程，但必然是连续的变化过程。

被摄主体决定了镜头的推进方向，所以在推镜头的过程中，画面构图要始终保持被摄主体在画面结构中心的位置。推镜头的主要作用是突出被摄主体，使观众的视觉注意力相对集中，视觉感受得到加强。它符合人们在实际生活中由远而近、从整体到局部、由全貌到细节观察事物的过程，所以镜头的说服力很强。

推镜头的推进速度可以影响和调整画面的节奏，从而产生外化的情绪力量。推进速度缓慢、平稳可以表现出安宁、幽静、平和、神秘等氛围；推进速度急剧而短促表现的是紧张、不安或激动、愤怒等情绪，尤其是急推，会让被摄主体快速变大，画面急剧变动后迅速停止，爆发力强，画面视觉冲击力大，可以产生震惊和醒目的效果。

（二）拉镜头

拉镜头是指摄像机逐渐远离被摄主体，或者变动镜头焦距，使画面框架由近及远与被摄主体拉开距离的镜头。

拉镜头使画面的取景范围逐渐变大，逐渐把陪体和环境放入画面中，而被摄主体逐渐变小，与观众的距离越来越远，表情和细微的动作变得不再清晰。拉镜头往往用来把被摄主体重新纳入特定的环境，提醒人们注意被摄主体所处的环境，以及被摄主体与环境之间的关系变化等。

拉镜头画面表现空间的扩展，反衬出被摄主体的远离和缩小，在视觉感受上会给人一种退出感和谢幕感，所以适合在某一画面的末尾使用。

（三）移镜头

移镜头是指摄像机沿水平面进行各个方向的移动拍摄，类似于生活中人们边走边看的状态，因此被摄主体的背景总是在变化。移镜头具有完整、流畅、富于变化的特点，能够开拓画面的空间，适合表现大场面、大纵深、多景物、多层次的复杂场景，展现各种运动条件下被摄主体的视觉艺术效果，而且可以让人产生身临其境之感。

跟镜头也属于移镜头的范畴，但它与移镜头的不同之处在于摄像机镜头始终跟随被摄主体，方向不定，而移镜头一般保持水平方向的运动。跟镜头既能突出运动中的被摄主体，又能表现被摄主体的运动方向、速度、体态及与环境之间的关系，使被摄主体的运动保持连贯，有利于展示被摄主体在动态中的形态；而人们的视点在画面内跟着被摄主体走来走去，可以产生一种强烈的现场感和参与感。

（四）摇镜头

摇镜头是指摄像机本身所处位置不移动，借助摄像机的活动底盘，镜头上、下、左、右旋转拍摄，好像人的目光顺着一定的方向对被摄主体巡视。摇镜头分为左右摇镜头和上下摇镜头，左右摇镜头常用来表现大场面，上下摇镜头常用来展现被摄主体的高大、雄伟。摇镜头通过将画面向四周扩展，突破了画面框架的空间局限，扩大了视野，创造了视觉张力，让整个画面更加开阔，可以将观众迅速带到特定的故事氛围中。

甩镜头也属于摇镜头的范畴，是指摄像机只通过上下或左右的快速移动或旋转来实现从一个被摄主体转向另一个被摄主体的切换，多用于表现画面的急剧变化，例如，表现人物视线的快速移动或某种特殊视觉效果，使画面有一种突然性和爆发力。

（五）升降镜头

升降镜头是摄像机借助升降装置一边升降一边拍摄的方式，升降运动带来了画面范围的扩展和收缩，形成了多角度、多方位的构图效果。

升镜头是指镜头向上移动形成俯角拍摄，以显示广阔的空间；降镜头是指镜头向下移动进行拍摄，多用于拍摄大场面，以营造气势。

八、农产品的拍摄技巧

（一）农产品拍摄的前期准备

拍摄好农产品，需要提前做好产品挑选、明确拍摄重点和选取拍摄时间等的准备。

1. 做好产品挑选和清洁

大多数散种散养的农产品都会存在质量参差不齐的问题，所以在拍摄之前，还需要进行精细的挑选，选出品相较好、颜色艳丽、新鲜度较高的产品作为拍摄对象。

在拍摄过程中，如果不是追求记录写实风，那么为了让产品看起来更加靓丽、新鲜、可口，拍摄前还需要将产品一一洗净，减少产品表面附着的灰尘或瑕疵。

2. 明确想要展示的产品特色

确定你所想要表达的产品本身的卖点或特点。就农产品来说，安全的生长环境、新鲜度、色泽、口感等产品本身的特点都是可以展示的，具体情况因产品而定。

以荔枝为例，荔枝的个头大、汁多等特色就可以通过视频展示出来，那么在拍摄的过程就可以侧重展现这一特点。

3. 挑选光线良好的拍摄时间

一般以晴天的上午为宜。拍照的时候最好不要逆光，即不要对着太阳或者室内光源照过来的方向拍摄。顺着光线的角度去拍摄，拍摄主体才会有更好的表现。

例如，恰当的光线为橘子打了一层高光，增加产品光泽感的同时也营造了图片的美感，让人感受到橘子的健康美味（图3-14）。

图 3-14　拍摄的橘子

（二）农产品拍摄的过程

1. 背景要简洁

从样式上看，拍摄对象的背景要简洁。背景过于杂乱会很难突出要拍摄的产品，即便是要结合道具也要追求简单和谐，防止喧宾夺主。切记不要直接将产品放在灰暗的地板上拍摄，可以多选择草地之类的背景，营造出绿色、干净的感觉。

2. 背景颜色要合适

从颜色上看，可以使用素色或者和谐的艳色背景。素色背景的优点是能让被摄体非常清晰并突出。它不仅减弱了背景的距离感，还增大了画面的景深。另外，如果想要突出被摄体的颜色，可以选择多白色或淡色的背景。

如果使用艳色背景，就要注意被摄体与背景的颜色是否搭配。选择的背景可以是反差特别大的颜色形成对比色，要么选择与同一色系相近的颜色从而避免违和感。

3. 适当拍摄生产场景

从场景上看，可以选取单一的产品背景，也可以和生产场景相结合。生产过程的视频可以说是产品品质的直接说明，也是最能体现情感价值的部分。比如直接拍摄产品在田地的生产情况，更加具有真实感。

4. 产品与人物有互动

从内容上看，产品可以和人物相结合，与人物产生一定的互动，通过真实人物的存在增加产品的点击率（图3-15）。

图 3-15　采摘草莓

如果想要农产品在宣传过程中更加突出，形成一定的视觉冲击力，那么拍摄前期的准备工作一定要充分，从细节入手，找到适合自己农产品的拍摄特色，从而让消费者在购买过程中耳目一新。

第四节　短视频的后期编辑

一、短视频的剪辑软件

视频的剪辑软件是对视频源进行非线性编辑的软件，属多媒体制作软件范畴。它将加入的图片、背景音乐、特效、场景等素材与视频重新混合，对视频源进行切割、合并，通过二次编码，形成具有不同表现力的新视频。常用的视频剪辑软件有以下几种。

（一）剪映

剪映（图3-16）是抖音官方推出的一款移动端视频编辑APP，它具有强大的视频剪辑功能，支持视频变速与倒放。用户利用它可以在视频中添加音频、识别字幕、添加贴纸、应用滤镜、使用美颜等，而且它提供了非常丰富的曲库和贴纸资源等。即使是视频制作的初学者，也能利用这款工具制作出自己心仪的视频作品。

图 3-16　剪映编辑视频界面

（二）快影

快影（图3-17）是北京快手科技有限公司旗下一款非常简单易用的视频拍摄、剪辑和制作工具。

快影不仅具备强大的视频剪辑功能，还拥有丰富的音乐库、音效库和新式封面设计选项。这些资源可以帮助用户为他们的视频添加适合场景与情感氛围的背景音乐，并增加特效以及引人注目的封面。

此外，快影提供了多种实用功能，包括视频分割、裁剪、拼接、倒放、添加常规/曲线/自定义变速、转场、添加封面和片尾等。滤镜和字幕功能也可以让用户为他们的视频添加独特风格和个性化元素。这些功能使得快影成为快手官方定制的视频制作、剪辑工具，特别适合短视频创作者使用。

图 3-17　快影编辑视频界面

（三）爱剪辑

爱剪辑（图3-18）是一款简单实用、功能强大的视频剪辑软件，用户利用它可自由地拼接和剪辑视频，其创新的人性化界面是根据用户的使用习惯、功能需求与审美特点进行设计的。爱剪辑拥有为视频添加字幕、调色、添加相框等齐全的剪辑功能，且具有诸多创新功能和影院级特效。

二、短视频的剪辑技巧

好的剪辑不会让观众注意到剪辑的痕迹。一般要从6个要素考虑，分别为信息、动机、镜头构图、摄影机角度、连贯和声音。

图 3-18 爱剪辑编辑视频界面

（一）信息

信息呈现的核心在于如何精准地传达给观众所需的内容，这包括视觉信息和听觉信息。视觉信息通过视频画面展现，可以包括人物、场景、动作等元素；而听觉信息则通过音效、配乐或旁白等形式传递，为观众提供更为丰富的感官体验。在剪辑过程中，可以轻松调整画面的颜色、亮度、对比度等参数，以突出关键信息，同时也可以通过添加音效或背景音乐来增强视频的感染力。

（二）动机

镜头的切换、转场以及特效的添加都需要有明确的动机。例如，当画面中的主人公情绪发生转变时，镜头可以适时切换到特写镜头，以凸显人物的情感变化；或者当场景发生变化时，可以利用转场效果来平滑过渡。这些切换和转场不仅要有视觉上的冲击力，更要符合剧情发展的需要，使观众能够跟随故事的发展而产生情感共鸣。

（三）镜头构图

剪辑过程中，可以利用各种构图技巧，如黄金分割法、对称构图等，增强画面的美感和层次感。同时，还可以通过调整焦距、景深等参数，突出主体或营造特定的视觉效果。

（四）摄影机角度

摄影师和剪辑师一定要考虑几个重要的问题：摄影机该放在什么位置，画面中有几个人物，拍摄的主要对象是谁，如何展现人物的特点。通过一系列的角度设置获得最佳的效果。例如，俯仰角可以展现人物的威严或渺小，侧面角度可以突出人物的轮廓和动作，而特写镜头则可以凸显人物的面部表情和情绪变化。

（五）连贯

好的剪辑能够使画面流畅、自然，给观众带来舒适的视觉体验。可以利用各种剪辑技巧和转场效果来实现画面的连贯性。例如，可以利用淡入淡出、溶解等转场效果来平滑过渡不同场景；同时，还需要注意镜头之间的衔接和过渡，确保画面之间的逻辑关系清晰明了。

（六）声音

对声音的剪辑有两个重要概念：对接剪辑和拆分剪辑。对接剪辑就是画面和声音的剪辑点一致；拆分剪辑是指画面先于声音被转换，以保证画面切换更自然。

三、短视频画面转场的设计

转场是场景或段落之间的切换，又称场景过渡。合理的转场可以增加短视频的连贯性、条理性、逻辑性和艺术性。转场分为两类，分别是技巧转场和无技巧转场。

（一）技巧转场

技巧转场是指用特技的手段进行转场，常用于情节之间的转换，能够给观众带来明确的段落感。技巧转场又分为淡入淡出转场、叠化转场和划像转场等。

1. 淡入淡出转场

淡入淡出转场是指上一个镜头的画面由明转暗，直至黑场，下一个镜头的画面由暗转明，逐渐显现，直至正常的亮度。

淡出和淡入画面的长度一般各为2秒，但在实际编辑时要根据视频情节、人物情绪和节奏的要求来决定。一般来说，淡出淡入转场用于视频中某一场景的开头或结尾、时间或地点的变化等。

2. 叠化转场

叠化转场是指前一个镜头的画面与后一个镜头的画面相叠加，前一个镜头的画面逐渐暗淡隐去，而后一个镜头的画面逐渐显现并清晰的过程。叠化转场时，前后两个镜头会有几秒的重叠，可以呈现出一种柔和、舒缓的视觉效果。

叠化转场的作用：一是用于时间的转换，表示时间的流逝；二是用于空间的转换，表示空间发生了变化；三是表现事物的变幻莫测，营造出一种目不暇接的效果；四是表现梦境、想象和回忆等场景。

3. 划像转场

划像转场是指两个画面之间的渐变过渡，可以突出时间和地点的跳转。划像转场分为划出与划入，划出指的是前一画面从某一方向退出屏幕，划入指的是下一个画面从某一方向进入屏幕。在画面过渡的过程中，视频中的画面被某种形状的分界线分隔，分界线一侧是画面1，另一侧是画面2，随着分界线的移动，画面2会逐渐取代画面1。由于划像转场的效果十分明显，因此多用于两个内容意义差别较大的场景转换。

（二）无技巧转场

无技巧转场是用镜头的自然过渡来连接上下两个画面，强调视觉的连续性。无技巧转场主要分为以下几种。

1. 空镜头转场

空镜头是指一些没有人物的镜头，空镜头转场常用来交代环境、背景、时空，抒发人物情绪，表达主题思想，是视频拍摄者表达思想内容、抒发情感意境、调节剧情节奏的重要手段。

空镜头有写景和写物之分，前者称为风景镜头，一般用全景或远景来表现；后者称为细节描写，一般用近景或特写来表现。

2. 声音转场

声音转场是指用音乐、解说词、对白等和画面的配合实现转场。声音转场可以利用声音过渡的和谐性自然转换到下一画面，主要方式为声音的延续、声音的提前进入、前后画面声音相似部分的叠化，可以实现时空的大幅度转换。例如，上一个镜头是在茶园里男主人公朝着女主人公大喊“采茶啦”，下一个镜头则是女主人公的回答“来啦”，但画面已经跳转到采摘茶叶的场景。

3. 主观镜头转场

主观镜头是指借人物视觉方向所拍的镜头，主观镜头转场是指上一个镜头是被拍摄主体在观看的画面，下一个镜头接转以被拍摄主体的视角观看到的画面。主观镜头转场是按照前后两个镜头之间的逻辑关系来处理转场的，既可以使画面转换得自然、合理，还能调动观众的好奇心。

4. 特写转场

特写转场是指无论前一个镜头是什么，下一个镜头都可以从特写开始，这样可以对局部进行突出强调和放大，展现一种平时在生活中用肉眼看不到的景别。

5. 两极镜头转场

两极镜头转场是指前后两个镜头在景别和动静变化等方面有着巨大的反差，

处于两个极端。例如，前一个镜头是特写，下一个镜头则是全景或远景，这种转场方式能够起到强调对比的作用。

6. 相似被拍摄主体转场

相似被拍摄主体转场有以下3种类型。

第一种是上下两个镜头中的被拍摄主体相同，通过被拍摄主体的运动、被拍摄主体的出画入画，或者摄像机跟随被拍摄主体移动，从一个场合进入另一个场合，以完成空间的转换。

第二种是上下两个镜头中的被拍摄主体是同一类物体，但并非同一个物体。例如，上一个镜头中的被拍摄主体是一个苹果，而下一个镜头中的被拍摄主体是另外一个人手里的苹果，两个镜头对接，可以实现时间、空间或时空同时转换。

第三种是上下两个镜头中的被拍摄主体在外形上具有相似性。例如，上一个镜头中的被拍摄主体是灯笼，下一个镜头中的被拍摄主体是橙子，也可以完成转场。

7. 遮挡镜头转场

遮挡镜头转场是指在上一个镜头接近结束时，被拍摄主体挪近以至遮挡拍摄设备的镜头，下一个被拍摄主体又从拍摄设备镜头前走开，以实现场景的转换。这种转场方式可以给观众带来强烈的视觉冲击力，还可以制造悬念，使短视频节奏更加紧凑。遮挡镜头转场时，前后两个相接镜头中的被拍摄主体可以相同，也可以不同，如果是同一被拍摄主体，转场还可以更加强调和突出被拍摄主体本身。

四、短视频背景音乐的选择

对于一个短视频来说，听觉感知是非常重要的一环。在短视频中，创作者通过人声讲解内容建立人设，同时通过音乐带动内容、唤起情绪。创作者首先要把握视频的内容，根据内容选择最合适的音乐，现有音乐多是围绕场景标签归类（如轻松、抒情）的，匹配精准度有限。为保证准确性，可以综合乐理知识找到节奏、旋律、和声3个可量化的特征进行相似匹配。具体来说，在为短视频选择背景音乐时，要遵循以下原则。

（一）根据短视频的情感基调选择

短视频创作者在拍摄短视频时，要清楚短视频所要表达的主题和想要传达的情绪，确定短视频的情感基调，以此作为依据来选择背景音乐。例如，美食类短视频是为了让观众体会到一种轻松自在、心情舒畅的心理感受，所以要选择欢快、愉悦风格的背景音乐，如纯音乐、爵士音乐和流行音乐等。这些类型的音乐与短视频内容相互融合后，不仅会吸引观众观看，还会让其跟随背景音乐捕捉到更多的生活细节。

（二）背景音乐要配合视频的整体节奏

很多短视频的节奏是由背景音乐来带动的，为了使背景音乐与短视频内容更加契合，后期剪辑时最好按照拍摄的时间顺序对视频进行简单的剪辑，然后分析短视频的节奏，再根据整体的节奏来寻找合适的背景音乐。从整体上来讲，短视频的节奏和音乐匹配度越高，短视频就越吸引人。

（三）背景音乐不能喧宾夺主

背景音乐在短视频中起的是衬托作用，最高境界是让观众感觉不到它的存在，所以背景音乐一定不能喧宾夺主。如果背景音乐过于嘈杂，或者对观众的感染力已经超过短视频本身，就会影响观众对短视频内容的注意力。

（四）选择热门音乐

在遵循以上原则的基础上，要想让短视频获得更多平台的推荐，最好选择热门音乐作为背景音乐。

五、为短视频进行配音

为短视频配音也是制作短视频的重要工作之一，恰到好处的配音可以为短视频锦上添花。常见的配音方式有以下3种。

（一）短视频创作者自己配音

短视频创作者自己为短视频配音时，需要注意以下问题。

（1）尽量使用支架固定话筒，因为手持话筒时难免会出现颤动，这样可能会产生噪声，尤其是在说话时，随着人的情绪变化和表达的需要，手持话筒动作幅度较大时会影响配音效果。

（2）将话筒置于与人脸平面成30°角以内的位置，并为话筒套一个防风罩，以防在说某个词音量过重时录入爆破音。

（3）消除环境噪声。在配音时不要打开可以发出声响的电器，手机要调成静音模式，旁边有人时不要发出与配音内容无关的声响。

（4）把握好配音内容的基本感情色彩，恰当地停顿和连接，不能让配音内容支离破碎。

（二）请专业团队配音

对很多人来说，配音是一件比较有挑战性的工作，可能会存在很多问题，如普通话不标准，声音不好听，说话时紧张、忘词、卡顿等，无法达到理想的配音效果。如果短期内无法克服这些困难，可以考虑请专业团队进行配音，其收费一般根据配音的难度和时长而定。

（三）使用配音软件

使用配音软件可以很好地规避自己配音的局限性，成本较低，既简单又方便。例如，讯飞快读和讯飞配音就是两款出色的短视频配音工具。

讯飞快读是一款方便、高效、成本低廉的配音小程序，进入该小程序后即可看到4种文字输入方式。选择一种方式后，输入文字，选择适合短视频内容的背景音即可。完成以后，点击“保存为MP3”，即可将保存好的音频文件导入视频编辑工具进行合成。

讯飞配音也是一款文字转语音的语音合成配音工具，同时提供真人配音服务，适用于企业宣传片配音、商场店铺广告促销配音、课件PPT和微信公众号配音、有声朗读、影视配音、自媒体配音等多种场景，可以支持多种语言。

六、为短视频添加字幕

为短视频添加字幕，能够方便观众了解短视频内容，而带有字幕的短视频成为爆款的概率更高。几乎所有的短视频制作工具都支持添加字幕，在为短视频添加字幕时，要注意以下几点。

（1）字幕的颜色一般采用白色，但要避免字幕颜色与背景颜色相冲突，可以为白色字幕添加对比明显的边框，但边框不要太大，以免影响美观度。

（2）字幕最好不要遮挡短视频画面的主要内容，一般放在短视频画面的正下方。

（3）除了要达到幽默搞笑效果的特殊情况，字幕中不要出现错别字。

（4）字幕要通顺、流畅，与短视频中人物所说的话要保持一致。

现在很多短视频平台具备了自动配字幕的功能，要想提高自动配字幕的准确率，创作者要讲普通话，声音要清晰响亮，而且录制环境不要嘈杂。如果环境不允许，可以通过画外音（二次配音）来完成清晰的录音和字幕。

七、短视频封面的设计

短视频封面一般起着视频预告、补充标题的作用，可以传达文字无法描绘的画面感。一般情况下，短视频将内容核心如场景、事件现场、人物、事件主体作为封面使用。一个优质的短视频封面要符合以下基本要求。

（一）画面清晰

短视频封面要尽可能清晰明亮，如果太模糊或太昏暗，会给人粗制滥造的感觉，影响消费者体验。有人物元素，封面要凸显故事情节，可以使用故事的高潮部分作为短视频的封面。对于很多直接卖货引流的账号，比如美食类，一定要有刺激点，可以直接截图各色美食的动态图片作为封面，用清晰、诱人的大图刺激观众的眼球和味蕾，以增加播放量和转化量。

（二）封面与标题强相关

短视频封面不能随随便便选一张图，封面要和标题具有直接的相关性。因此，创作者要思考封面与标题之间的联系，突出重点。例如，短视频的标题以人物为主体，封面就要以人为主，突出人物的表情和情绪；标题以物为主体，短视频封面就要以物为主，放大物体的特点。

需要注意的是，创作者不能为了蹭热度乱加封面，否则会让人们对短视频内容的理解产生偏差，造成心理上的失望，导致粉丝流失。

（三）文字、标题和封面的排版要有层次感

短视频封面的排版要层次分明，创作者要注意各层级之间的关系，视频元素和标题同样重要，标题不能挡住封面，封面也不能挡住标题，两者要互不干涉，各自发挥作用。

短视频封面上若有人物全景出现，人物就要尽量处于中间醒目的位置，让用户尽快找到重点。当然，短视频封面上的人和事物不要太多，否则会显得杂乱，难以传达信息。

封面上的字要大，字号最好不要小于24号，字体颜色也要合理选择，不能太亮，也不能太暗。封面上的字要少而精，最好控制在30字以内，同时文字居中，避免文字只出现一半的情况，影响用户体验。

（四）建立自己的封面风格

创作者在设置短视频封面时，要建立属于自己的风格，或者专门为短视频设计一个封面，打上个人标签，形成个人特色。此外，创作者还可以设置一个固定的模板，让每条短视频的封面都形成统一的风格，这样用户就可以非常方便地在历史记录中找到该创作者创作的短视频。

（五）禁止违规操作

在设置短视频封面图时，禁止违反法律法规，封面上不能出现暴力、惊悚和低俗等内容，不能含有二维码、微信号等推广信息，也不能带水印。如果出现违规操作，短视频就不会获得平台推荐，严重违规的还会受到相应的处罚。

八、短视频标题的设计

在为短视频设计标题时，创作者要重点考虑以下几个方面。

（一）标题字数要适量

短视频标题的字数要控制在10～20个，展示在手机上是1行到2行半字。字数过多会影响视觉体验，不便于用户快速获取重要信息，从而影响用户对短视频的理解。

（二）添加短视频关键词

现在大多数短视频平台采用推荐算法机制，在分发短视频时，会通过用户输入的关键词给出搜索列表，如果短视频标题上有用户搜索的关键词，就会被平台推荐。因此，在拟定短视频标题时，创作者要尽可能多添加一些高流量关键词，这有利于增加短视频的推荐量和播放量。创作者可以使用相关的数据分析工具来查看关键词的相关热度指数，如头条的“热词分析”，从而对短视频的播放量有一个合理的预估。

（三）设置悬念

悬念是非常有效的引发好奇心的手段，好奇心可以说是用户观看短视频的重要动力。创作者在标题中设置悬念，用户在产生疑问之后要想找到答案，就只能在短视频中寻找，从而增加短视频的播放量。

（四）与用户互动

创作者可以在短视频标题中抛出有讨论性的观点或话题，然后采用设问或反问句式，如“谁知道打开菠萝蜜的简单方法？”“你吃过吊干杏吗？”以引发用户讨论和互动。

（五）增强代入感

增强代入感，让用户觉得短视频内容与自己相关，激发他们观看短视频的欲望。增强标题代入感的方法有两个：一是使用第二人称“你”，可以拉近创作者与用户的关系，减少距离感；二是在标题中添加用户标签，直接标明目标用户群体，常用的用户标签有身份、学校、职业、年龄、性别、兴趣爱好等。

（六）追热点

热点事件能够吸引很多人的注意力，如果创作者在拟定标题时合理地使用热点词汇，就可以增加把内容传播给更多用户的机会，同时增加短视频账号的关注度。追热点属于借势营销，但要求内容选题与热点事件有相关性，且与短视频自身定位保持一致。

（七）引用数字

引用数字的标题逻辑清晰，能够让用户轻松理解短视频的内容要点。同时，数字表达具体、形象且生动，容易激发用户的兴趣。在短视频标题中使用数字时，以阿拉伯数字居多。一般来说，总结分析类的短视频适合在标题中引用数字，如“常见的8种葡萄品种”。

第四章　农产品短视频营销

第一节　短视频营销的前期准备

在移动互联网时代，单纯创作出优质内容并不一定会让短视频广泛传播，创作者要做好推广和营销，提升短视频的曝光率，使其覆盖更多的受众人群，这样才能增加短视频成为爆款的可能性。短视频营销的前期，要选择恰当的发布渠道和合理的发布时间。

一、短视频发布渠道的选择

在短视频创作完成后，创作者要为其选择恰当的发布渠道，以在最大限度上提高短视频的曝光量。

（一）选择发布平台

短视频团队在完成短视频创作后，在发布短视频之前要选择发布平台。首先要对各大短视频平台进行调研，根据调研结果选择与自身目标人群一致的平台进行发布，只有这样才能将该平台的用户转化为自己的粉丝。

目前，短视频的发布平台分为独立平台和综合平台两种。独立平台是指专门以短视频为核心卖点的平台，如抖音、快手、美拍等，而综合平台是指包含多种功能，其中兼有短视频内容的平台。

独立平台虽然社交属性较弱，但有喜欢固定内容类型的粉丝群体。如果选择在这类平台发布短视频，只需选择与自身目标人群相同的平台即可。综合平台往往不是以短视频业务为主，但由于其社交功能强大，粉丝群体也比较庞大，如果短视频在这类平台上获得认可，被用户转发分享之后，人气积累的速度也很快。

不同的短视频平台有各自不同的目标用户群体，抖音的用户群体以年轻人居多，随着用户数量的不断增加，用户群的范围逐渐拓宽，使用抖音的中老年用户不断增加，但人们普遍喜欢有个性、能够展示自我的短视频；快手的用户群体以三四线城市和农村地区用户居多，他们大多喜欢接地气、社交性强的短视频；美拍的用户群体大多是喜欢与他人分享自己生活的年轻城市女性，她们普遍喜欢时尚类的短视频。

综合平台的典型代表是微博。微博作为用户量巨大的社交媒体，拥有发布信息快、信息传播速度快等优势。截至2022年6月，微博的月活跃用户数量达到5.82亿，日均活跃用户达2.52亿。在用户群体如此多的一个平台上，一旦某个短视频引爆热点之后，就会被多次转发，获得巨大的播放量。

独立平台与综合平台各有特色，短视频团队在发布短视频时可以根据短视频内容的特点及目标用户来进行选择；也可以采用独立平台与综合平台共同发布的模式，使两个平台之间的优势互补。

（二）符合发布平台的规则

在选择好短视频发布平台以后，短视频团队还要了解并遵守该平台的规则。除了最基本的不能违反国家法律法规这一类规则以外，不同的短视频平台根据自身的特点制定了相应的规则，短视频团队在选择的时候应该特别注意。

短视频平台可以分为内容型短视频平台和商品型短视频平台。内容型短视频平台的代表是抖音和快手，创作者一般不在短视频中售卖商品，而是提供优质内容，吸引到的用户群体也是为观看优质内容而来。尽管目前电商在短视频和直播中占据着越来越多的分量，也有创作者在短视频中介绍商品，插入商品购买链接，但大多是先用内容吸引用户，然后让用户在不知不觉中被“种草”，因此这类短视频平台的内容仍然处于核心。

商品型短视频的代表是淘宝短视频。淘宝本就是电商平台，淘宝创建短视频平台的目的就是促进自身的电商发展，因此团队在这类平台上可以直接售卖商品，但也要遵循一定的规则。例如，视频应与商品相关，突出卖点，不能出现纯娱乐的内容；商品链接数量要符合要求，且商品链接要符合短视频推广类目的要求等。

除了短视频发布规则以外，各个平台上的分成补贴规则也不同。为了能够留住更多优秀的短视频团队，现在很多平台会与团队签订合同，给予一定量的补贴，这种合同一般会要求该团队在平台上独家发布短视频，所以团队在签订合同后再前往其他平台发布短视频就会违反规则，被平台追责。

短视频团队要想在选定的平台上推广创作的短视频，其短视频的内容首先要保证健康、积极向上，符合该平台的规则。或许某些内容不规范的短视频可以在短时间内获得不少的播放量，但那只是用户群体的猎奇心理所导致的暂时现象，长此以往，这些短视频团队只会损失用户，毁坏自身形象，得不偿失。

（三）多渠道分发

短视频发布不一定局限在某一个平台上，在不违反平台规则的情况下，短视频团队可以在多个渠道共同分发短视频内容，在不同的平台同时聚拢人气，从而快速积累粉丝。当然，这不是说发布渠道越多越好，短视频团队要在选择发布渠道时做出取舍。

短视频团队可以在独立平台与综合平台共同发布短视频。独立平台和综合平台的用户构成有很大的区别，在这两类平台上共同发布短视频可以有效互补。短视频团队在独立平台上吸引目标用户观看的同时，还可以在综合平台上依靠综合平台传播速度快的特性不断增加目标用户群体的数量。

另外，多渠道分发可以减少短视频团队对某一个平台的依赖，这样一旦在某一个平台不小心被封号或账号出现问题，短视频团队可以规避风险，继续维持运营。

（四）付费推广

为了帮助短视频团队更好地推广自己的作品，很多短视频平台推出了付费推广服务，例如抖音的DOU+和快手的上热门。

1. DOU+

DOU+是抖音平台为创作者提供的短视频“加热”工具，可以有效地帮助短视频创作者增加短视频的播放量和互动量，提升内容的曝光效果，从而增加短视频的热度和人气。

抖音平台对投放DOU+的短视频要求严格，只有符合DOU+投放规范，通过抖音平台审核的短视频才能投放DOU+。在为短视频投放DOU+时，创作者要点击短视频作品页面右侧的“…”，在打开的页面中选择“上热门”，进入推广页面。DOU+推广分为速推版和定向版。速推版只设置推荐人数（2 500人+、5 000人+和自定义）、投放目标（点赞评论量、粉丝量）和投放金额；定向版包含期望提升（点赞评论量、粉丝量、主页浏览量）、投放时长（2小时、6小时、12小时和24小时）、视频推荐（系统智能推荐、自定义定向推荐）、投放金额等。

2. 上热门

上热门又叫快手粉条，是快手官方推出的付费推广服务，创作者在购买服务后，可以将短视频作品快速曝光给更多用户，从而增加作品的播放量、互动量、粉丝量和商品销量。该功能包括投放金额、期望增加（粉丝量、点赞评论、播放量、直播间引流人数）、投放时长（1小时、2小时、6小时、12小时和24小时）、定向条件（智能优选、自定义用户特征、指定“达人”/行业相似粉丝），创作者可按照推广目标或推广效果做出选择。

除此之外，创作者还可以使用“推广给粉丝”功能，把短视频作品精准地推荐给粉丝用户。该功能包括投放页面（关注页置顶、所有页面）、预计展示曝光量、投放金额、投放时长等。

二、短视频发布时间的选择

在选择正确的主题并创作出优质内容以后，创作者还要找准短视频的发布时机，从而使短视频在恰当的时间出现在用户眼前，培养用户稳定的观看习惯，让用户对短视频形成一种期待感。

（一）把握用户活跃时间段

短视频的发布时间点对短视频的播放量会产生一定程度的影响，因为在一天24小时里，每一个时间段内短视频用户的活跃度是不同的，有高峰期和低谷期。创作者要想让自己发布的短视频获得较高流量，就应当在用户活跃度的高峰期发布短视频。

无论是在每天的24小时还是在每周的7天，各大短视频用户活跃时间段都存在着大大小小的差异，而发现并恰当利用这一规律，则可以助力农户在售卖农产品时获得更好的销量。

1. 从每天的时间来看

在一天24小时内，每一个时间段的移动用户在线人数都是不同的，存在着高峰期和低谷期。

常见高峰时段如下。

（1）7：00—9：00：早高峰，这个时间段包括早上刚起床的人习惯性看手机，上班族在公交地铁上没事看手机刷视频。

（2）12：00—13：00：午高峰，吃完午饭后，人们通常会拿手机刷视频看直播，打发空闲时间。

（3）17：00—19：00：放学与下班的基本时间段，此时人们正乘坐公交车或地铁回家，时间比较空余，因此看视频的人数较多。

（4）21：00—22：00：晚高峰，这一时间段人们基本忙完了一天的学习和工作，处于休息的状态，此时是各大短视频平台人流量的巅峰。

（5）23：00—01：00：这个时间段，一些“夜猫子”还在被窝里刷手机，并且在这一时间段，人们通常较为饥饿，对农产品美食类的视频抵抗能力较差，更容易下单购买。

总体来看，人们多数在通勤、吃饭等非工作时间刷短视频。因此，选择在这些时间段发布短视频，是赚取浏览量以及农产品销量的最佳选择。

2. 从每周的时间来看

周六周日双休时间，总体来说是农产品宣传类视频的最佳时间段。而且，周末上午9点发布的视频也能有一小波“收成”。

此外，无论是工作日还是周末，在17：00—19：00发布的视频数据相对较多，更容易收获良好的互动量。

（二）针对农产品类型选择最佳时间段

为了获得更多的热度，还需要针对农产品的类型进一步选择最佳时间段。

1. 水果蔬菜类

水果蔬菜类农产品的宣传短视频，更多受到家庭主妇的关注与欢迎，因为其通常“主管”着家庭的各大日常饮食开销。

而家庭主妇通常在上午比较忙碌，因为在准备好早饭后，又得接着准备午饭。而到了下午时候，她们空闲的时间逐渐增多，在晚上的时候，时间最为充裕。

因此，为了获得更好的动态浏览量以及农产品销量，农户可以选择在下午或晚上发布水果蔬菜类农产品的宣传短视频。

2. 养生保健类

养生保健类农产品的宣传短视频，更多受到中老年人的关注与欢迎。

中老年人由于年龄较大，身体各方面的机能都有所减弱，易患一些慢性病。因此，该群体特别注重养生与保健。

而很多中老年人常常晚上睡得早，早上醒得也早。因此，如果是售卖枸杞、蜂蜜等养生保健类农产品的农户，可以选择在早上或上午等时间段发布短视频。

总之，在选择发布农产品宣传短视频的最佳时间时，一定要结合各大短视频平台的用户活跃时间段。另外，还需要结合自身所售卖产品的类型，分析总结不同客户群体的作息以及偏好，有针对性地进行线上宣传，以获得更多的互动量和更大的销售量。

第二节 短视频的引流推广

一、多渠道分享视频

要想最大限度地推广短视频，让更多的用户看到，短视频创作者可以利用平台上的分享功能，将短视频分享到尽可能多的平台上，让其面对更多的用户群体。只要短视频的内容有足够的吸引力，自然会被越来越多的用户关注和认可，成为爆款短视频的概率就会变得很大。

（一）站内好友

很多短视频平台的分享功能都支持短视频创作者将短视频分享给站内好友，短视频创作者在发布短视频时可以将其分享给该平台上的好友，并让好友帮忙扩散传播。

在把短视频分享给站内好友时，需要注意以下方面。

（1）选择人气较高的好友，因为好友的人气越高，短视频被其分享之后产生的影响力也就越大。因此，短视频创作者在分享短视频之前，先要考察好友的活跃度和人气值，列出一个人气较高的好友名单，再分别向其分享。

（2）选择互动较多的好友。这类好友继续分享短视频的概率较高，有利于短视频被更多的用户看到。

（二）微信朋友圈

微信作为目前国内最大的社交平台，拥有非常庞大的用户数量，而微信朋友圈更是人们日常社交的主要阵地，因此微信朋友圈也可以作为短视频分享的主要渠道。

（三）微博

微博作为国内主流的社交媒体平台，目前月活跃用户量已经突破5亿，日活跃用户量超过2亿，它也可以作为短视频分享的主要渠道。微博具有广场属性，适合做内容的裂变传播。短视频创作者将短视频分享到微博，有利于提高短视频的曝光率，吸引更多的用户观看。

二、借助KOL为短视频做宣传

KOL是营销学上的一个概念，即关键意见领袖，指的是拥有更多、更准确的产品信息，且为相关群体所接受或信任，并对该群体的购买行为有较大影响力的人。在做短视频宣传时，要找的KOL是那些可以发挥社交媒体在覆盖面和影响力方面的独特优势，具有较强的用户黏性和号召力的账号。KOL自带“光环效应”，用户通常认为他们的推荐更权威、更专业，因此也就更愿意为其发表的内容进行点赞和转发。

借助KOL宣传短视频的方法如下。

（一）找名人付费投放

名人的粉丝众多，他们的一举一动都会引来粉丝们的围观，因此借助其宣传短视频是一个不错的方法。但需要注意的是，所找的名人要与自己的短视频主题或内容在气质上具有相似性。另外，一定不要与有污点的名人合作，因为他们的形象早已因为某些负面新闻而崩塌，与之合作的风险会大大增加。

借助名人做短视频宣传的方法如下。

（1）根据短视频的主题和内容找到目标用户群体，也就是说，短视频创作者要先弄明白自己的短视频侧重于哪个领域，最容易吸引哪些用户观看。例如，农产品短视频的目标用户群体以女性为主。

（2）根据目标用户群体的特点和喜好寻找最契合的KOL，只有找到与短视频各个方面都契合的名人，才能有效地借助其“光环效应”，达到最好的宣传效果。

（3）在宣传短视频时，文案的撰写要避免老生常谈，以免让用户产生审美疲劳。短视频创作者要撰写有创意的推广文案，让用户眼前一亮，与名人的“光环效应”相互促进。

（二）寻找行业权威人士

如果短视频创作者自身资金实力有限，无法付费找名人宣传短视频，也可以寻找扶贫带头人、产业带头人、地方领导等来帮助做推广。他们虽然不像名人那样拥有巨大的流量和众多的粉丝量，但在其自身所在的“圈子”里也很有影响力。

三、参与平台活动提升知名度

在推广短视频时，短视频创作者不仅要充分利用身边的各种渠道和KOL资源，还要依托短视频平台，积极参与平台发起的各种活动。短视频平台本身就是一个巨大的流量池，当短视频创作者积极参与各种活动，并在其中展示出自己的短视频时，短视频内容和账号自然会被越来越多的用户知道并关注。

（一）研究活动要求

短视频要想在活动中崭露头角、提升人气，首要的条件是研究活动要求和各项标准，让自己的短视频内容符合活动规则，这样才能得到平台的认可，从而增大被平台推荐的概率。

研究活动要求时，可以重点考虑以下方面。

（1）明确平台活动的目的。在参与活动之前，短视频创作者要仔细思考平台举办活动的目的，以便于更加精确地把握短视频的选题方向，突出短视频的主题，增加短视频被平台关注乃至脱颖而出的概率。

（2）了解平台活动的规则。短视频创作者在拍摄短视频之前，要摸清活动的具体规则，并逐一列举出来仔细研究，从中找到参与活动的准确角度，再确定短视频的内容。如果对短视频创作者平台活动的规则只是一知半解，仓促上阵，往往会南辕北辙，浪费精力。

（二）做出亮点

在平台上参与活动的短视频创作者不计其数，竞争非常激烈，因此有亮点和区别度的短视频内容才能最大限度地被平台重点推荐，脱颖而出，吸引用户的目光。

短视频创作者要想让创作的短视频内容有亮点，可以采用以下方法。

（1）内容有个性。要想让短视频内容有个性，短视频创作者可以为短视频中的人物打造鲜明的个性特征，如坚忍、幽默、优雅等，这在一定程度上可以为短视频打上个性标签，使其变得更有特色。也可以选择一个不同的切入角度，找到一个新奇的切入点，用户在看腻了其他短视频的模板化套路，对其产生审美疲劳之后，看到不一样的短视频时会觉得眼前一亮，产生深刻的印象。

（2）从不同的角度解读活动规则。短视频创作者可以“反其道而行之”，从其他角度来解读活动规则，避开大众话题和视角，使短视频在主题和内容上都与其他短视频有区别。

第三节　短视频的用户运营

用户运营是指以用户为中心，遵循用户的需求设置运营活动与规则，制定运营战略与运营目标，严格控制实施过程与结果，以达到预期所设置的运营目标与任务。

一、保持稳定的更新频率

有些短视频创作者因为更新少，没有持续输出，所以粉丝数一直上不去，即使偶尔发了一个视频，也因为间隔时间过长，粉丝失去了关注热情，短视频的关注量也大幅下降。对于短视频制作团队来说，第一批用户成为忠实粉丝之后，如何有效吸引第一批粉丝，使之养成良好的观看习惯就显得尤为重要。其中，保持稳定更新是短视频制作团队早期积累粉丝的方法之一。

通常来说，要保持更新频率可以从以下方面进行。

（一）尽量每日更新

相对稳定的更新频率有益于提升账号权重，也能让粉丝定时看到短视频。如果时间和精力都允许，尽量每日更新短视频，这样可以快速吸引大量的粉丝，而且有利于在开始阶段快速找准账号的定位。每日更新短视频可以保持账号的活跃度，培养粉丝的观看习惯，避免被粉丝遗忘。在信息爆炸的时代，各种网络事物层出不穷，如果短视频制作团队长时间不更新视频内容，就很容易被淘汰。不过要平衡内容质量和更新频率，不可为了提高更新频率而降低内容质量。

（二）固定更新时间

更新短视频的时间固定，可以给予用户一定的暗示，使用户准时上线观看短视频。长时间下去，用户就会形成定时观看的习惯。如果无法保证每日更新短视频，可以间隔一两天或者每周发布一次短视频，但一定要在固定的时间发布。

二、引导用户评论

通过用户评论功能与粉丝进行更好的互动，可以为账号带来更多的人气。相对于点赞来说，让用户进行评论比较难，因此可以通过以下几种方式来引导用户评论。

第一，在视频的结尾或者标题中抛出一个问句或祈使句，更容易引起用户评论。这种方式容易激发用户的表达欲望。

第二，巧妙地制造冲突，往往有争议就会有评论。

第三，注意评论语气，学会灵活变通。评论语气要与自己在视频中的语气一致，避免粉丝产生混淆。

第四，优先回复重点评论。面对大量评论时，应挑选重点评论优先回复，比如有负面情绪的、提出建议的及互动频繁的等，然后回复其他的评论，尽量做到有评论必回复。

第五，将评论置顶。短视频创作者在评论区发现高质量的评论时，可以将其置顶，借以引导用户进行更大范围的互动。

三、加强互动，提高用户活跃度

用户黏性的重要性不容忽视。只有之前的用户不取消关注，同时新的用户在增加，粉丝数量才会呈现正增长趋势。提高用户活跃度、增强粉丝黏性的方法就是与用户进行良好互动，做到及时回复用户评论，让用户感受到短视频创作者对他们的关注和重视。

（一）选择互动性强、讨论度高的话题内容

短视频创作者可以结合热点话题和普遍存在的社会现象，选择互动性和参与性均很强的话题。每个短视频平台都有热搜榜和话题榜，短视频创作者可以前往查看大家都在关注什么、讨论什么，围绕用户关注度和讨论度比较高的话题制作短视频。

（二）标题文案引导

标题文案是吸引用户观看的关键部分，优质的标题文案可以激发用户的观看欲望。短视频创作者可以利用标题文案引导用户评论，增强互动。例如，制作一条在家吃火锅的短视频，可以在标题文案中加入“大家吃过最好吃的火锅蘸料是什么？欢迎大家留言互动”。这样不仅提高了用户的活跃度，还为短视频内容的选题提供了更多素材。

（三）私信互动

有时候用户会选择通过私信的方式向短视频创作者提一些问题或者分享一些事情，尤其是在教程类、技巧类、实用知识类短视频中比较常见，短视频创作者看到之后要及时回复这些用户的留言。短视频创作者还可以在征得用户同意之后将私信的内容发布到平台上，使其他用户看到之后也做出同样的行为，从而与用户形成良性的互动循环。

（四）投票

通过投票这种互动方式，短视频创作者能了解用户的想法，同时也能活跃账号气氛，还能提高用户的参与感，又能深入地了解用户的兴趣。

（五）提高用户参与度

提高用户参与度的主要方式是邀请其参与短视频的选题、创意、文案等策

划。例如，短视频创作者可以通过在短视频结尾征集创意、在短视频下方评论留言等方式提高用户参与度。

四、建立社群，增强用户黏性

社群运营是指将群体成员以一定的纽带联系起来，使成员之间有共同目标、保持相互交往、形成群体意识，并形成社群规范。社群运营也就是把短视频平台的公域流量引入自己的私域流量池。建立社群的目的是增强用户之间的黏性。基于同一习惯或者爱好，聚在一起的用户会在交互中产生聚心力，从而提高用户留存率。用户留存率高之后，可以再利用这部分用户去影响更多的用户。

（一）清晰定义目标用户群

要在社群内做好短视频推广，首先就要清晰定义目标用户群，并且充分了解用户。

例如，美食类短视频的核心用户群就是全职妈妈及美食爱好者等，这些人也是进行社群推广的对象。通过各类问答社区、QQ群等现有的网络信息资源充分了解目标用户群，掌握这些目标用户都关注什么问题、经常登录哪些网站、喜欢讨论的内容是什么、喜欢什么样的短视频等。只有了解得更多，才能更有针对性地开展社群推广工作。

（二）思考社群用户的痛点

有了目标群体，接下来就要努力思考打动用户的商品功能点。前面所说的通过各种网络社群、网站收集用户的日常生活轨迹，可以更接近并了解目标用户群。围绕相关信息，进行总结、思考，最终得出有效的、能够打动用户的商品功能点。事实上，在这个过程中，社群运营者很有可能会发现用户的伪需求、伪痛点，这时就需要经常与目标用户互动，进行情感交流，并通过各种方式来判断这个痛点的准确性。

（三）编写推广文案

通过社群提升用户留存率时，要构建一个与之不同的运营推广框架，列出一些与众不同的、能打动目标用户群的宣传点，进而梳理出推广运营方案或者其他运营框架进行推广，向目标用户所在社群投放文案内容。

第五章　直播带货概述

第一节　直播概述

一、直播的概念

“直播”一词由来已久，在传统媒体平台就已经有基于电视或广播的现场直播形式，如晚会直播、访谈直播、体育比赛直播、新闻直播等。词典对直播的定义为：“与广播电视节目的后期合成、播出同时进行的播出方式。”

随着互联网的发展，尤其是智能手机的普及和移动互联网的速度提升，直播的概念有了新的延展，越来越多基于互联网的直播形式开始出现。

在互联网时代，直播就是指网络直播，是指用户在手机或计算机上安装直播软件，利用摄像头进行实时拍摄和呈现，其他用户可以在相应的直播平台直接观看和互动。

二、直播的特点

（一）娱乐性强，内容丰富多样

直播具有极强的娱乐性，可以满足用户碎片化的娱乐需求。不管是秀场直播，还是电商直播，主播选择的直播内容往往带有娱乐因素，能够让用户感受到快乐。不同的主播对应着各种类型的直播内容，如唱歌、户外、教学、电商卖货、产品发布会等，可以满足用户多方面的内容需求。

（二）即时互动，分享便捷

与图文、短视频等内容类型相比，直播具有更强的即时互动性。在网络直播中，不管主播的名气大小，都会与用户进行实时交流。在直播营销过程中，电商企业、品牌商在向用户呈现商品的营销信息时，用户可以针对营销信息发言互动，分享消费体验，实时反馈自己的意见，真正参与到企业的商品生产或营销活动中，这样既有利于增强用户的参与感，消除品牌与用户之间的距离感，还能调动直播间的氛围，促使企业进一步优化商品和不断完善营销活动。

用户在感受到网络直播带来的愉悦之后，可以通过发送链接或二维码将直播间分享到微信朋友圈、微博等社交平台，被分享者不需要进行额外的操作就可以准确、迅速地进入相应的直播间。

（三）身临其境，用户体验更真实

由于直播的实时互动性，直播所展示出来的内容无法经过后期加工，会让用户有很强的真实体验。因此，直播营销可以展示商品的生产环境、生产过程，让用户了解真实的生产制作过程，从而增加信任度。同时，直播商品的试吃、试玩、试用等过程可以让用户直观地了解商品的使用效果，从而刺激其购买欲望。

第二节　直播带货的平台

一、直播带货平台类型

直播带货有3类平台，分别是电商平台、内容社交平台和“种草”平台。

（一）电商平台

电商平台以淘宝、京东、拼多多为代表。其中，淘宝凭借入局较早、商品丰富的优势独占鳌头；拼多多通过平价策略吸引的家庭主妇、老年人等用户群体与农产品的目标用户群体重合度高，因此在农产品直播领域占据更大的优势。与淘宝、拼多多相比，京东在价格和目标用户群体上均不占优势，但胜在物流快、售后服务好，尤其是自营产品具有很强的市场竞争力，对定位相对高端的农产品来说不失为一个好的选择。

（二）内容社交平台

内容社交平台主要有抖音、快手、微信视频号等。其中，抖音凭借庞大的流量和强大的活动策划能力，成为内容社交平台直播领域的领头羊。作为国内拥有最多农村用户的短视频社交平台，快手在农产品直播领域发展迅猛，直追抖音。微信视频号虽然社交属性更强，但在农产品直播方面的实力弱于抖音和快手。

（三）“种草”平台

“种草”平台是指通过分享使用体验推荐、宣传产品的平台，小红书、微博是其中的典型代表。这类平台的直播功能开通较晚，流量也相对有限，但胜在用户信任度较高。从目标用户群体的角度分析，这类平台的用户以消费品牌产品为主，对农产品直播的关注度不高。

二、直播平台的选择

农产品直播新手在选择直播平台时，首先要了解直播平台的分类和定位，最好以同属性、流量大为前提，再做进一步的筛选。

（一）了解直播平台的特点

要想在一个平台上长期发展，就必须充分了解该平台，除了表面上看得见的平台流量、带货模式，还要知道分成方式、流量来源、用户年龄段等，尽量使这些元素与主播特点、产品特性高度吻合。

（二）找准直播平台的定位

大多数直播平台都有自己的定位。例如，淘宝具有电商特性，抖音具有社交特性，主播要看自己更适合哪一类平台；再如，游戏主播一般会选择虎牙、斗鱼等娱乐直播平台，正常情况下不会选择在淘宝上做直播。

（三）考虑直播平台的发展

每个平台的政策不同，针对各个领域的扶持计划也不同。以抖音为例，每隔一段时间，扶持项目就会有所变化，这是为了更好地迎合用户和市场。农产品直播新手要多分析这些平台未来的发展趋势、扶持政策，这样才能更好地生存下去。

第三节　直播团队

一、直播团队的类型

根据直播工作岗位、工作内容、工作流程等要素，个人或商家可以组建不同层级的直播运营团队。

（一）低配版直播团队

如果预算不高，那么可以组建低配版直播运营团队。根据工作职能，团队需要至少设置1名主播、1名运营。

这种职能分工方式对运营要求比较高。运营必须是全能型人才，懂技术、会策划、能控场、懂商务、会销售、能运营，在直播过程中集运营、策划、场控、助理等于一身，能够自如地转换角色，做到游刃有余。

设置1名主播的缺点在于团队无法实现连续直播，而且主播流失、生病等问题出现时会影响直播的正常进行。

（二）标配版直播团队

企业或商家选择直播带货，一般会按一场直播的完整流程所产生的职能需求组建标配版直播运营团队。

标配版团队的核心岗位是主播，其他人员要围绕主播来工作。标配版团队的岗位人员有1名主播、1名策划、1名场控和1名运营。如果条件允许，还可以为主播配置1名副播，协助主播完成直播间的所有活动。

（三）升级版直播团队

随着团队的不断发展，企业或商家应适当壮大直播运营团队，将其改造为升级版团队。升级版团队的人员更多，分工更细，工作流程也更优化，包括1名主播、1名副播、1名助理、1名策划、1名编导、1名场控、2名运营、2名店长导购、1名拍摄剪辑人员和2名客服。

二、直播团队的工作流程

每一场直播，各个岗位都要分工明确，做好自己的工作，不包揽其他事情。明确的人员分工有助于更有效率地开展直播，避免部分工作未得到及时处理而影响直播。

（一）开播前准备

所有人都要明确直播目的和目标并达成一致。运营、主播等人员要对该场直播销售的产品进行排序并写好脚本，场控要做好产品上架、库存设置等工作，道具人员要做好设备、灯光的调整和准备工作。

（二）直播中带货

主播、场控等人员要相互配合，监控库存数据并及时反馈，以便调整直播策略。房管要做好引导评论、发放场控词等工作，同时要监控直播画面是否出现异常。

（三）下播后复盘

运营要对整场直播的各项数据及各岗位人员的表现进行复盘，为下一场直播提供参考。

第四节 直播带货的优势

直播带货是指在互联网时代，以直播平台为载体，通过视频直播的技术手段，在事件发生的现场同步制作和播出节目，以达到提升品牌、增加销售的网络营销模式。截至2021年底，中国在线直播行业用户规模达6.35亿人，占总人口比例的44.94%，且呈现出稳步增长的态势。飞速发展的直播行业作为数字经济的重要一环，为提高我国就业率、促进区域经济发展和产能升级、助力复产复工脱贫攻坚和乡村振兴作出了突出贡献。农产品直播带货的优势如下。

一、全面直观，提升顾客信任

信任是影响顾客购买的重要因素，现在食品安全问题层出不穷，顾客更希望了解农产品的生产源头环节，以确定买到的食物是安全无污染的，而网络直播就能解决这一问题。通过直播打破了时间、空间的限制，拉近了买卖双方的距离，可以全面直观地展示农产品的种植、生长环境、生产过程、产品如何采摘、包装发货……采用这种可视化的方式，使生产及销售流程更加透明，能让消费者更放心，对产品、生产者乃至销售店铺产生更高的信任。

二、降低成本，提高销售效率

传统的电商平台为获取流量常采用打折降价、购物满减、赠品等活动方式，这些方式不仅成本高，而且会让消费者认为存在价格欺诈，从而降低顾客忠诚度。而直播相对于传统的电商更能迅速、大量拉动流量，使流量的购买及获取成本大大降低。传统电商模式下，顾客主要通过文字方式向卖家进行咨询，而卖家的销售答疑也通过文字方式一对一进行，咨询服务的工作量大而且效率低，若不能及时回应还会降低顾客满意度。而采用直播带货方式，卖家可以一次性解决对农产品的说明讲解和一些顾客存在的共性问题，从而大大减轻了人员负担，提高了工作效率，降低了人力成本。顾客在观看直播时还可以直接点击网页链接转换至产品频道进行下单购买，节省了顾客切换屏幕的时间，提高了销售效率。

三、实时互动，促成顾客及时购买

直播带货是以人为中心，实时互动的营销方式。在直播平台上，顾客可以通过关注、评论、分享等方式与主播互动，还可以邀请好友观看直播、进行线上下单。主播可以采取现场赠送小礼品，邀请顾客农场采摘体验等方式与顾客互动。这种互动能更好地带动销售气氛，通过及时回答顾客提问，消除顾客疑虑也有利于提高顾客的及时购买率。主播与顾客之间的即时互动，增强了传播者的亲和力，顾客也由被动的接受者转变为主动的参与者，这种高卷入度的状态有效提升了信息的传播效果。此外，农产品有冲动购买的特性，适合做团购，在直播过程中，主播与受众、受众与受众之间的实时互动容易营造热闹的氛围，形成团购以产生即时大量的销售效果。

第五节　直播间的规范

随着直播行业的快速发展，行业的规范性发展也逐渐被提上议事日程。一系列与直播相关的政策法规相继出台，各大直播平台也制定了自己的规范，主播一旦违规就有可能导致账号被封，甚至无法再做直播。因此，在开始直播之前，主播及相关人员要对直播间违禁词、直播间违规画面、直播连麦违规行为等有所了解，在直播过程中做好规避和应对。

一、直播间违禁词

直播间违禁词包括两类，一类是主播在直播过程中说的一些不合规的词语，另一类是直播间标题、宣传文案等文字信息中出现的违禁词。避免出现违禁词不仅是主播的工作，直播团队其他成员也必须做好这项工作。下面列举了微信视频号直播间部分违禁词供大家参考。

（1）包含“最”字的词，如“最好”“最佳”“最爱”“最赚”“最优”等。

（2）含有“第一”意思的词，如“中国第一”“全网第一”“销量第一”“No.1”“TOP1”等。

（3）代表权威性的禁用词，如“质量免检”“老字号”“中国驰名商标”“特供”“专供”等。

（4）与首、家、国有关的词，如“首个”“首选”“全国首家”“全网首发”“独家”“全国销售冠军”等。

（5）“国家级”（相关机构颁发的除外）“世界级”“顶级”等。

（6）显示品牌地位的词，如“王牌”“领导品牌”“世界领先”“遥遥领先”等。

（7）表示绝对、极限但无法考证的词，如“史无前例”“万能”“100%”等。

（8）涉嫌欺诈消费者的词，如“点击领奖”“恭喜获奖”“全民免单”“点击有惊喜”等。

（9）涉嫌虚假宣传的词，如“永久”“万能”“祖传”“特效”“无敌”等。

二、直播间违规画面

直播间违规画面主要是指直播过程中镜头中出现的违规画面。下面列举了微信视频号直播间部分违规画面供大家参考。

（1）孩子出镜，未成年人参与直播。

（2）不当展示国家或国家机关的标志、徽章，如国旗、国徽等。

（3）涉及“黄、赌、毒”的内容，如色情影片或照片，长时间暴露私密部位，展示赌球、赌马、老虎机、扑克、麻将等赌博相关内容，讲解毒品制造过程、吸毒等。

（4）侵犯他人合法权利，如肖像权、名誉权、商标权等。

（5）侵犯他人隐私，如偷拍，公布他人联系方式、聊天记录等。

（6）盗播、转播他人知识产权内容或泄露他人商业机密。

（7）投资、融资类内容，如推荐股票、网贷，推销证券、期货，提供有偿咨询服务。

（8）暴力和恐怖画面，如虐待、杀害动物，殴打、暴力威胁他人。

（9）假吃、以催吐方式进食、宣扬量大多吃、胡吃海塞、暴饮暴食等内容。

（10）展示使用（仿真）刀具、枪支，表演危险动作。

（11）未经资质审核，发布新闻或时政信息。

（12）未经资质审核，发布募捐、筹款等公益慈善类内容。

（13）迷信类内容，如算命、法术、驱鬼、预测运势等。

（14）未经资质审核，宣传医疗服务、药品、医疗器械、农药、兽药、保健食品、烟草、成人用品等。

（15）解说或展示未取得文化行政部门内容审查批准文号或备案编号的网络

游戏产品。

（16）推广未经允许的第三方平台服务，如其他平台的二维码、外部链接等。

（17）引导线下交易，导流至其他平台交易、银行卡交易。

（18）展示、宣传假币，或出现人民币等纸币。

（19）主播离开直播间，画面长时间不动，没有声音。

（20）录播，一人多机位直播或录播等。

三、直播连麦违规行为

直播过程中与他人连麦是常见的营销方式之一，有助于带动双方的流量。不过，在连麦过程中万一有一方违规，双方可能都会被封号。因此，相关人员要对直播连麦违规政策有所了解。娱乐直播连麦违规政策与带货直播连麦违规政策有所不同，下面列举了抖音带货直播连麦部分违规行为供大家参考。

直播连麦过程中，通过恶意砍价、吵架、卖惨、夸大原价、夸大优惠力度等演戏炒作方式进行恶意营销、虚假宣传，以此诱导用户购买产品，严重影响用户体验，损害消费者利益，扰乱平台交易秩序。

此类违规行为包括但不限于直播连麦过程中表演恶意砍价、吵架等虚假剧情，夸大优惠力度、夸大原价，演戏炒作主播之间的“矛盾”，通过下跪、卖惨、自残等行为博取用户同情。

第六章　农产品的直播规划

第一节　农产品直播的选品

一、直播间选品策略

好产品是直播带货的根基。一些新手主播在选品的时候经常容易走入一些误区，最常见是只选自己喜欢的（随心式选品）、有什么就卖什么（随性式选品）、选品时毫无章法（随意式选品）。这些错误的做法很容易导致账号定位、粉丝群体与所售产品不匹配，不仅影响销量，还可能影响账号权重。具体来说，选品时可以从以下几个方面进行思考。

（一）时令新品

农产品的时令性非常强，抢先上市的生鲜农产品对目标客户具有强烈的吸引力。把即将上市的新品放在直播间做首发，可以有效吸引目标客户，快速打开市场。

（二）“爆款”产品

已经具有一定知名度或在线下渠道、线上电商平台及直播间取得不错成绩的“爆款”产品也是我们在选品时要重点关注的对象。只要有货，就尽量把“爆款”产品放到直播间销售，充分利用这类产品为直播间引流，增强直播间的竞争力。

（三）特价清仓产品

库存积压对绝大部分产品来说都是不利的，对生鲜农产品来说更是如此。因此，我们有时会看到“西瓜滞销，瓜农犯愁”“××万斤土豆滞销，农民急盼销路”这样的新闻。生鲜农产品的保鲜期非常短，如果不能及时销售出去，就会烂在地里，农民一季的辛苦就全都白费了。因此，农产品一旦出现库存积压，就要及时推出特价清仓的专场直播活动，在回馈粉丝的同时快速回流资金。如果是生鲜农产品，甚至不能等到出现库存积压时再启动特价清仓，只要出现积压的苗头，就要立即通过特价销售的方式进行促销。

二、直播间产品分类

（一）引流款

引流款产品是直播间用于吸引观众和流量的重要手段。它们通常具备以下几个特点。

1. 价格优势

引流款产品的价格通常较低，甚至可能是亏本销售，其主要目的是吸引观众进入直播间并增加互动。

2. 高人气

这类产品通常是市场上的热门商品或话题性产品，能够迅速吸引观众的注意力。

3. 流量保持

通过不断推出引流款，直播间可以保持持续的热度和观众活跃度。

（二）畅销款

畅销款产品是直播间的核心销售商品，它们具备以下几个特点。

1. 高性价比

畅销款产品往往价格适中，但性能和质量都能满足大多数用户的需求，因此具有较高的性价比。

2. 高销量

这些产品通常已经有一定的市场基础和口碑，销量稳定且持续上升。

3. 广泛受众

畅销款产品的受众群体广泛，能够满足不同年龄、性别和需求的用户。

（三）利润款

利润款产品是直播间用于获取利润和口碑的高端商品，它们通常具备以下特点。

1. 高价位

利润款产品的价格通常较高，利润空间较大，是直播间主要的盈利来源。

2. 高品质

这些产品通常具有卓越的品质和性能，能够满足用户对高端商品的需求。

3. 良好口碑

利润款产品的口碑通常较好，能够提升直播间的整体形象和信誉。

（四）特色款

特色款产品是直播间的差异化产品，它们能够提高直播间的独特性和吸引力，具备以下几个特点。

1. 独特性

特色款产品通常具有独特的设计、功能或卖点，能够与其他产品形成明显区别。

2. 增强粉丝黏性

通过推出特色款产品，直播间可以吸引更多粉丝的关注和喜爱，增强粉丝的黏性和忠诚度。

3. 提升品牌形象

特色款产品能够展示直播间的创意和实力，提升品牌形象和市场竞争力。

三、“爆款”产品的特点

所谓“爆款”产品是指可以引爆销量、人气并持续带来流量的产品。“爆款”产品不仅能够带来极大的经济利益，还能给直播间带来流量、人气，从而带动直播间整体销量的提升。因此，打造“爆款”产品是每一位带货主播的梦想。但是，“爆款”产品并不是随随便便就能做出来的。即使我们按照“爆款原则”选择一款性价比高、品相好的产品，然后用心引流、推广、销售，也不一定能将其打造为“爆款”产品。

通常来说，“爆款”产品具有五大特点，这些特点不仅是在选品环节确定产品是否有潜力成为“爆款”产品的考虑因素，还是完成选品之后进行全方位运营以打造“爆款”产品的重要依据。

（一）利益感知强

利益感知是指用户通过产品感受到的直接利益或效用。例如，苹果甜不甜、大米香不香，品尝一下就可以立即知晓。

（二）品牌力强

在同类产品中，用户更愿意选择具有一定影响力的品牌产品。例如，同样是西红柿，为什么有那么多人选择泾阳西红柿？主要是因为它已经成为一个具有一定影响力的品牌。因此，为直播间的农产品打造品牌或IP是非常重要的一件事。

（三）直击痛点

“爆款”产品往往可以解决用户的某种困扰或问题，而且这种困扰或问题让用户感到很痛苦。例如，针对“宝妈”群体担心孩子不爱吃西红柿的情况，主播可以介绍西红柿的各种做法，让孩子爱上吃西红柿。

（四）参与感强

产品有丰富的玩法，大部分用户都可以模仿其中的几种玩法，这可以让用户产生参与感，满足用户的从众心理。例如，直播间可以发起“跟我一起削苹果”活动，为点赞数排在前10名的粉丝提供奖励。

（五）单价低

价格永远是影响用户购买决策的关键因素。低于市场同类产品的价格可以让用户更快地下定购买的决心。

第二节　选择合适的主播

一、适合做农产品电商的主播

不是每个人都适合走进直播间，更不是每件产品都适合在直播间销售。不了解直播的人往往认为主播打开手机就能卖货，如果直播卖货这么容易，那么产品销售问题只需要找几位优秀的主播就可以解决了。但事实上，很多企业与知名主播合作几次并提高产品销量之后，一旦脱离知名主播，产品销量就会显著下滑。对大部分企业来说，自己的员工才是最好的主播人选，因为他们更了解企业的产品，而且对企业比较忠诚。未来，企业自播会成为常态，24小时不断播的“日不落直播间”可能会大量出现，主播可能会按小时值班。

在农产品电商直播间，“三农”人自己最适合做主播，做农产品的销售员。2021年，抖音发布的“三农”数据报告显示，农村视频总获赞量高达129亿次，农村创作者的收入同比增长15倍。其中，返乡创业青年占比达到54%，这些返乡创业青年就是所谓的“新农人”，他们不仅了解农产品，还拥有新思维和新技术；不仅更了解直播，还更懂直播的规律和技巧。因此，他们是主播的合适人选。2020年8月4日，抖音平台推出“新农人计划”，宣布将投入总计12亿流量资源，支持“三农”内容创作。针对来自国家级贫困县的“三农”内容创作者，抖音平台还会给予流量扶持、运营培训、变现指导等政策倾斜。

在农产品电商领域，有一类“销售员”比较特殊，他们就是当地领导。抖音平台数据显示，截至2020年11月，“县长来直播”活动累计帮助贫困县增收6 819万元。县长带货往往“自带流量”，一方面人们容易对愿意躬身入局直播、销售农产品的县长产生好感，进而购买县长所带的货；另一方面，县长对本地农产品比较了解，也更容易调动供应链，这对售后也是一种保障。当然，直播间里出现的当地领导不局限于县长，既可以是县委书记、县长，也可以是县委副书记、副县长、镇长、副镇长等。

总之，农产品电商主播首先必须非常了解自己销售的农产品；其次要具备一定的销售能力，或者自身在“三农”领域具备一定的影响力，否则在农产品电商赛道中获得成功的机会非常渺茫。

二、优秀的农产品主播特点

无论是“新农人”还是当地领导，或者是其他的农产品销售员，在真正开始卖货之前，都必须对自己及将要开展的工作有更深入的认识，做好充分的准备。

一般来说，具备以下几个特点的人更适合做农产品主播。

（一）有较强的表现欲

不同的人有不同的性格，在销售这个方面，性格外向、喜欢表现自己的人一般更容易成功。

（二）有较强的表达力

对农产品主播来说，表达力主要是指通过语言把产品介绍给客户、让客户接受产品的能力。有人提炼出了一个有关表达力的公式：表达力=观点+理由+举例+结论。

（三）有较强的毅力

迸发出一时的热情比较容易，但坚持到底非常困难。做直播必须熟悉平台的底层逻辑和各种运营技巧，只有具备较强的毅力，才能持续进步。

（四）有较强的执行力

说干就干是一种乐观者行为，它代表的是对未来充满希望和期待。乐观的背后是勇气，而勇气的背后是知识储备和阅历。

（五）有较强的学习能力

时代在不断地发展变化，唯一不变的是我们需要持续提升自己的学习能力。

（六）能读懂人心

销售的目的是成交，成交的关键是读懂人心、趋利避害、顺应市场和平台。

以上6个特点，哪怕只具备其中一个，只要善加利用，也足以使我们成为一名优秀的农产品主播。

第三节　直播产品的设计

一、产品定价

如果一场直播只有一款产品，这款产品只有一个价格而且贯穿全场，这场直播就会显得有些枯燥。因此，选品之后我们还要设计产品价格布局。通常来说，直播间的产品价格可以按照高价位、中等价位、低价位3个档次进行布局，即设置10%的低价位引流款产品、70%的中等价位畅销款产品、20%的高价位利润款产品。具体来说，直播间产品定价通常有以下策略。

（一）分类定价策略

分类定价策略是指根据引流款、促销款、“爆款”、利润款对直播间产品进行分类，然后给每一个类别定价。引流款产品的定价策略以“满送”“满减”“下单送”为主，主要是为了留住粉丝，增强粉丝黏性。促销款产品的定价策略以“限时限量限价”为主，主要是为了营造直播间气氛、提升销量。“爆款”产品的定价策略以“低价”“多送赠品”为主，主要是为了吸引用户，延长用户在直播间的停留时间。利润款产品的定价策略以“买一发二”“买二发三”为主，主要是为了让用户产生超值的感受，持续关注账号。

（二）组合定价策略

组合定价策略是指将几款拥有某种联系的产品组合在一起定价，如“××套装组合”。组合定价的好处是用户难以比价，容易让用户产生超值感，进而促进用户下单。例如，一箱冬枣59元，如果没有人下单，就可以采用组合定价策略，如“99元拍一发二，送赠品”“一箱59元，两箱99元”“前30名送精品大果1斤”等。

直播带货具有一定的娱乐性，很多消费者的购买行为具有冲动性，因此尽量缩短消费者的决策过程是直播间设计产品定价布局时必须考虑的因素。

二、产品组合

直播间不论有多少种产品，一般可以通过设计产品组合布局扩大利润空间。建议畅销单品搭配一些滞销单品，也可以把滞销单品作为赠品，赠品的成本实际上已经算到价格中了。

（一）产品组合的三大原则

1. 赠品要与主产品相关

例如，卖核桃送核桃夹就非常好，但如果卖西红柿送核桃夹就有点风马牛不相及，效果会大打折扣。

2. 组合套装要让用户产生“1+1>2”的满足感

例如，如果直播间销售的产品里刚好有西红柿和鸡蛋，就可以把这两样组合在一起销售，这样做不仅会让用户觉得新鲜有趣，还可以通过一定的价格优惠让用户产生“1+1>2”的满足感。

3. 埋下伏笔，提前使用，引起注意

这条原则可能不太好理解，它主要是指按照产品使用流程设计产品组合，组合中的产品在使用上有先后顺序，例如，购买煎饼赠送咸菜。

（二）不同数量产品的组合

不同的直播间会设计不同的产品组合，具体如下。

1. 只有一两款产品

这类直播间主要做“单品爆破”，比较适合自产自销、原产地直销、供应商有单品优势等情况。只有一两款产品的直播间主要靠素材、脚本吸引流量，提升转化，所以需要不断地测试素材、脚本，寻找最适合的销售策略，突出产品卖点、使用效果和目标消费人群。

如果想弱化产品单一的影响，可以采取按品相对产品进行分类、提供赠品等手段。例如，专门卖苹果的直播间可以将苹果分成“精品大果”“实惠中果”“特价小果”等几类，然后按照不同重量设计产品组合。

2. 有五六款产品

有五六款产品的直播间大多是刚开播的直播间，这样容易做数据、拉流量。这类直播间的产品组合布局要以促停留、促转化为主，如“买一发二”“套装组合”等。

3. 有几十款产品

在“三农”领域，有几十款产品的直播间一般主打助农专场或背靠农产品代理销售团队。这类直播间的流量比较稳定，主播要么影响力大，要么专业度高。因为产品比较多，所以设计产品组合比较容易。

第四节　挖掘农产品的卖点

一、什么是卖点

卖点是指商品具备了前所未有、别出心裁或与众不同的特点与特色。卖点的本质是独特的销售主张，它有个响亮的名字叫USP理论。USP理论是广告史上最具影响力的理论，被称为广告界的“金质十字架”。USP理论支持一个独特的销售主张必须具备3个方面的特征：一是产品有具体功效，让消费者意识到产品给他们带来真正的好处；二是竞争对手还没提出来或者无法提出来；三是必须具有巨大的吸引力，能够让消费者立即采取行动，成为你的顾客。

卖点有很多种角度，可以是材质，可以是外观，可以是工艺，可以是这个品牌虚拟的某个特质。这些特点与特色一方面是产品与生俱来的，另一方面是通过营销策划人的想象力和创造力赋予产品的。无论它从何而来，只要能使之落实于营销的战略、战术中，化为消费者能够接受、认同的利益和效用，就能达到产品畅销、建立品牌的目的。例如，褚橙很好地抓住了产品的甜、香、情怀、故事、名人效应等卖点，让褚橙从普通的脐橙变成了一个有温暖、有温度的脐橙。

如果不懂农产品的卖点，可能会出现农产品滞销的风险。例如，广西田阳的西红柿遭遇“30年不遇”的超低行情，大量的西红柿倒进江中，无不令人惋惜；广东江门良西镇的5 000亩马铃薯丰收后，1 500多亩遭遇滞销。而与此同时，一些农产品走俏市场，甚至卖出超过市场的天价。出现这种现场的原因，除了错综复杂的市场因素，也包括没有抓住农产品卖点这个因素。

二、寻找农产品的卖点

农产品的卖点可以通过FABE销售模式来寻找。FABE销售模式是非常典型的利益推销法，而且是非常具体、具有高度、可操作性很强的利益推销法。它通过4个关键环节，极为巧妙地处理好了顾客关心的问题，从而顺利地实现产品的销售。

（一）F代表特征

F指的是产品特征（Features），包括产品的特质、特性等最基本功能，而农产品较大众化，产品功能一般人都知道，而如何深入到自己的农产品特质上面，就是一种对卖点的挖掘。针对农产品特征，寻找农产品的特质可以从以下方面入手。

1. 产地

产地这个农产品特征在众多农产品上都有体现，首先它是属于给农产品加持地域性的一种标志，比如说产自福建东山县的农产品，产地来源上面可以加上国家级生态县，因为东山县被授予国家生态县称号。能够给用户树立一种生态、自然的形象，无形中打造了产品的卖点。

若没有特殊产地的身份，可以试着从河流、湖泊、高山等产地特征来塑造卖点，比如，黄洛渭流水、珠江入海口、黄河三角洲等，甚至引用古诗经典产地地名亦可。

2. 环境

环境指的是农产品的生长环境，光照、降水、空气等级、湿度等环境指标，不同的农产品对于这些环境的因素也不尽相同，比如哈密瓜，人们熟知的就是新疆的哈密瓜好，因为新疆光照强度好，并且温差较大，有助于哈密瓜糖分的形成与积累。因此提出新疆的哈密瓜在国内是最好的。

（二）A代表优点

A指的是特征所产生的优点（advantages），是指产品特征发挥的功能跟同类产品相比的优势，在农产品上表现为以下方面。

1. 口感与营养

比如环境因素，农产品在适宜的环境中，会表现出比同类农产品更好的特性，例如光照充足，带给新疆的哈密瓜更甜的口感。肥沃的土壤长出的庄稼就更加富含营养元素，如大米、水稻、玉米等粮食作物。

2. 外观

外观特性也是如此，有的农产品可能口感不是太好，但是个头大，分量足，营养也充分，外观精致漂亮，是难得的家用水果。

口感、营养、外观表现了产品特性发挥出的特殊功能，能够给用户直接的感受。如果再通过精美的包装，增加产品的附加值，更能让你的农产品品牌包装得更好。比如，如果包装上印有追溯码，扫码实时观展农产品的生长与成熟过程，更能激发用户的潜在购买欲望。

（三）B代表利益

B代表这一优点能带给客户的利益（benefits），即商品的优点带给客户的好处。B能直接让客户明确知道产品带给自己的好处。具体来说，通过客户认同和赠送赠品可以满足客户的利益诉求。

1. 认同

农产品得到客户的认同，自然就愿意购买。而让客户认同就要站在客户角度去想，产品能给客户带来什么好处。例如，优质生态环境下长成的大豆更健康。怎样体现其健康的特点呢？生态大豆中富含的维生素、微量元素多，能促进孩子的生长发育，这是不是对客户的好处？让客户看到具体的利益，客户认同了你，就实现了营销。

2. 赠品

赠品则偏向于营销层面，通过赠品辅助主农产品来打造满足客户超乎想象的价值。比如，一个客户买了一箱雪梨，赠送他一袋冰糖，并附赠冰糖雪梨的做法，告诉客户怎么吃更有利于健康，这样客户就更加满意。

（四）E代表证据

E指的是证据（evidence），包括技术报告、顾客来信、报刊文章、照片、示范等，具有足够的客观性、权威性、可靠性和可见证性，如农产品的检测报告、农产品认证标志等。

1. 口碑

口碑就是一种展现价值的形式，如客户的付款记录、客户的好评、客户试吃的照片截图。这些客户的反馈都是有利于打造农产品品牌的口碑见证，能够让客户产生从众心理，从而购买农产品。而口碑也是一个积累的过程，平时要多注意积累客户的口碑。

2. 权威

权威性是证明自己农产品质量的有力武器，如政府颁发的农产品企业荣誉证书、农产品的检测报告、质检认证证书，这些都是农产品被权威平台认可的证明，将这些证书在农产品包装、产品详情上体现出来。

通过FABE销售模式，可以找到农产品的产地、环境、口感与营养、外观、认同、赠品、口碑、权威等8个卖点。

三、农产品直播的卖点

一场直播最核心的话术就是介绍产品的卖点，所以首要训练的就是关于在直播间里如何描述产品的卖点。

（一）分享产品背后的价值

直播对于农特产品和农村文化，是一个拯救的机会。比如，农村里的剪纸和麦秆画这样的农特产品，普通人不知道这背后农民的辛苦付出，也不知道它背后的价值。直播则可以把这些农村特有的工艺推广出去，也可以让更多的人发现它的价值。

（二）确定产品目标群体

可以根据产品针对的人群来策划专门的活动。有了目标群体，便可以只针对该类型的消费者群体去设计产品和产品图片，为目标群体设计他们感兴趣的东西，目标群体才能有更高的转化。

（三）区分不同品种产品

比如孝昌“血桃”，通过直播告诉人们怎样区分“血桃”和一般桃子。这是一种科普的方式，通过一些严谨的实验，比如颜色的区别，通过切开后“血桃”的剖面样子及口感等做知识传播。这个方式让内容本身发挥了价值，同时也能够很好地为售卖的产品做代言。

第五节 编写直播脚本

直播脚本是指在进行直播活动时，事先制订好的一份详细的文字稿件，用于指导主播在直播中的表现和发言。直播脚本通常包括开场白、主题介绍、互动环节、结尾致辞等内容，旨在提高直播效果，增强观众的观看体验。

一、直播脚本的要素

（一）确定直播目标

先设置好目标才能干成事。在直播前，要提前预估本场直播的目标，如要有多少观看量、要有多少点赞量、进店率是多少等。这些数据都要提前有个规划，目标性更强，也更方便直播结束后进行复盘总结。

（二）明确团队分工及配合

每一个人都要有自己的职能职责，一场成功的直播是每一个不同员工合力协作的结果。比如，主播要介绍产品，突出卖点；助理要协助主播来突出卖点，还要和观众进行互动，回复客户的提问；后台的运营人员要修改价格，上下架产品等。

（三）定好直播时间

建议新手主播每天在固定的时间段里直播，这样才能养成粉丝定时定点观看直播的习惯。直播时间到了要准点离场，及时预告下一次直播的时间和品类，为下一场直播预热。

直播平台统计数据显示，最佳开播的时间是18：00—21：00。每场直播开播后1小时左右通常会达到销售高峰，开播2小时后会达到流量高峰，整场直播的近一半订单会在这段时间产生。开播4小时后，流量会出现下滑，因此一场直播的时长以3~4小时为佳。20：00—23：00通常是头部主播的开播时间，新手主播如果选择在这个时段开播，往往很难引流，因此建议新手主播错开这个时段开播。新手主播适合的开播时间一般为早上6：00—8：00、12：00—14：00、17：00—20：00。

（四）定好直播的主题

主题就是一场直播的主心骨。主题直播也是头部主播经常用的方法，比如，周三是美妆会场，周五是零食会场。这样某一场直播只围绕一个主题去进行，那主播就会越来越得心应手。反之，如果一会儿卖护肤品，一会儿卖手机，一会儿卖零食，主播就会被打乱直播节奏，也让粉丝觉得乱七八糟。

（五）定好直播的流程细节

直播脚本，具体到分钟，比如8：00开播，8：00到8：10就要进行直播间的预热，和观众打招呼之类的，包括产品的介绍，一个产品介绍多久，尽可能把时间规划好，并按照计划来执行。

二、直播脚本的类型

农产品直播脚本一般是分成单品脚本和整场脚本。

（一）单品脚本

在直播过程中，可能会遇到各种各样的问题，这就需要以脚本的方式进行对接，单品脚本建议以表格的形式进行对接，从而将卖点和利益点都非常清晰地体现在表格中。

（二）整场脚本

整场脚本最主要的是对套路玩法的整理，重点是逻辑和玩法，对于整场直播的节奏要有一个很好的把控。

（1）开播前，先写好粉丝互动话术，导入直播间人气互动软件。

（2）第1分钟，马上进入直播状态，进行签到环节，使用互动话术与最先来的粉丝打招呼进行暖场；这个时候可以不断强调每天直播时间，等待粉丝慢慢进入直播。

（3）第6～10分钟，剧透今日新款和主推款。

（4）第10～20分钟，将今天所有的款全部走马观花一遍，不做过多停留，但潜在爆款可以重点推荐。整个剧透持续10分钟，助理将产品搭配好进行展示。整个过程中使用直播间人气互动软件与粉丝互动评论，主播可以不受粉丝的影响，按照自己的节奏逐一剧透。

（5）开播30分钟后，正式进入产品的逐个推荐。根据粉丝对于剧透的需求，有重点地介绍产品。每个产品的5分钟直播脚本参考前文的单品脚本。直播中，场控根据同时在线人数和每个产品的点击转化销售数据，引导主播进行重点演绎的调整。

（6）最后1小时，做呼声较高产品的返场演绎。最后30分钟，完整演绎爆款购买路径，直播间利用人气互动软件教粉丝如何领取优惠券，如何成功购买产品。

（7）最后10分钟，主播剧透明天的新款，助理回复今日商品问题。

（8）最后1分钟，强调关注主播、明日开播时间及福利，建议粉丝下播后观看产品讲解。

第七章　布置直播场景

第一节　直播场地

一、直播场地的选择

直播场地的选择要符合以下要求。

（一）与直播内容相关

直播间是展现主播形象的窗口，而直播场地在某种程度上定位了直播内容。如果直播场地不符合直播内容或与直播内容无关，会让人觉得突兀。例如，主播售卖农产品，最好直接去农田或果园，人们在看到农产品的同时也会觉得主播接地气，更容易对主播产生信任，继而产生购买的欲望。

（二）细致展现商品细节

除了主播和直播内容等因素，那些能够细致展现商品细节，体现真实性的直播场地会在一定程度上提升客户对直播和商品的喜爱程度。例如，有的主播在售卖食品时喜欢把直播场地选在仓库，这固然不错，但如果主播能现场直播该食品的原材料获取、挑选、制作、打包和装箱的全过程，会更有说服力，更容易赢得信任。

（三）时常变换场地

主播要时常变换场地，因为每个人都有审美疲劳的时候，变换场地除了防止让人产生审美疲劳外，还能让人们从多个场景了解商品，增加对主播的信任度。

室内直播时，除了选择农产品的展示厅外，还可以选择产品的分拣地、打包处或者其他场景。室外直播时，不能只停留在农产品生长过程的原始场景上，如直播种植、养殖、加工、采摘等产业链各个环节，还可以延伸到拍摄当地的人文及风水特色上。同时，结合消费者的好奇心对场景进行针对性地选择，打造具有新颖性和话题性的主题。线上售卖时也可以线下举办农产品采摘乐、农家乐等活动，增加收入渠道的同时，直播线下的活动场景，通过多场景展现吸引消费者，让其有种身在其中的感觉。进行直播时，室内直播和室外直播交替进行，种植期拍摄室外，瓜果成熟时进行室内直播专场。直播前提前预告直播内容，吸引消费者。

（四）室内直播场地

室内直播场地要有良好的隔音效果，能够有效地避免杂音的干扰，同时要有较好的吸音效果，避免在直播中产生回音；光线效果要好，能够有效地提升主播和商品的美观度，降低商品的色差，提高直播画面的视觉效果；空间要充足，面积一般为10～40平方米，如果需要展示一些体积较大的商品，如钢琴、冰箱、电视机等，还要注意空间的深度，确保能够完整地展示商品；若需要使用顶光灯，室内高度一般要控制在2.3～2.5米，给顶光灯留下足够的空间，避免顶光灯位置过低而导致入镜，影响直播画面的美观度。

二、直播场地的规划

直播场地的范围可大可小，可能只是仓库的一个角落，或者是一个不大不小的直播间，或者是一个面积很大的场地。但不管面积大小，直播团队都要对直播场地做好规划。下面以仓库内水果直播为例，对直播场地规划要注意的事项进行具体分析。

仓库内水果直播场地规划一般划分3个区域，包括员工工作区、直播间、物流区。

（一）员工工作区

员工工作区主要进行水果的上新和下架，审核确认订单信息，安排协调发货时间，进行售后服务的后续处理，以上工作都需要专业人员来完成，因此在直播时要预留出员工工作区。

（二）直播间

可以在水果仓库内划出一块区域用于直播，这样可以节省成本，还能展现出农产品的发货量大。除了主播外，旁边有人挑选、打包，准备发货。

（三）物流区

商品的物流速度快，售后服务有保障，可以提升用户对店铺的评价。因此，主播在直播中销售水果以后，要让工作人员尽快确认订单，把水果放在物流区，第一时间联系物流公司发货。

第二节 布置环境

一、直播间环境的布置

直播间环境的布置，没有统一的硬性标准。主播可以根据自己的喜好进行设计与布置，但总体上要遵守以下原则。

（一）直播间要干净、整洁

大部分农产品主播间选择在农场、仓库或专门的直播间进行直播。无论选择何处作为直播间，首先要保证干净、整洁，一个脏乱的直播间会让很多人的好感瞬间消失。因此，在开播之前，主播首先要将直播间整理干净，各种物品要摆放整齐，创造一个干净、整洁的直播环境。

（二）根据直播内容定位直播间的整体风格

在布置直播间前，主播要从直播的类型入手，明确直播间是作为展示才艺的直播间，还是作为电商带货的直播间，然后根据直播内容定位直播间的整体风格。

对于电商带货类直播来说，直播间则要突出营销的属性，可以用要销售的商品来装饰直播间。

（三）直播间的环境布置要与主播格调一致

主播格调指的是主播的妆容、服装风格等。如果直播间内的环境布置能够与主播的妆容、服装风格保持一致，就能让直播画面在整体上看起来和谐、统一，给观众带来浑然一体的感觉。

（四）利用配饰做适当的点缀

一些别具一格的配饰点缀可以增加直播间的活力，同时也可以让观众对主播有更多的了解，找到更多的话题。例如，农产品主播可以在置物架上放置一些水果盘、刀具、茶杯等。这样不仅能够增加直播间的活力，还能突出主播的品位和个性特征。在摆放配饰时，主播要合理安排配饰摆放的位置，切勿让直播间显得过于杂乱。

（五）背景布放置的距离要合适

如果想节约直播间装修成本，或者直播间装修未达到心理需求，可以尝试使用背景布。质量上乘的背景布配上合适的灯光，能够形成很好的立体效果，让直播间环境达到以假乱真的程度。需要注意的是，在直播间内使用背景布时，背景布与主播之间的距离一定要合适，若距离太近，会让人感觉背景对主播有一种压迫感；若距离太远，则会让背景显得不真实。

二、直播间的灯光布置

在直播间的环境布置中，除了对直播间的背景、物品摆放有一定的要求外，直播间的灯光布置也非常重要。因为灯光不仅可以营造气氛，塑造视频画面风格，还能起到为主播美颜的作用。

按照光线造型作用划分，可以将直播间内用到的灯光分为主光、辅助光、轮廓光、顶光和背景光。不同的灯光采用不同的摆放方式，其创造出来的光线效果也不同。

（一）主光

在直播视频中，主光是主导光源，它决定着画面的主调。同时，主光是照射主播外貌和形态的主要光线，是灯光美颜的第一步，可以让主播的脸部均匀受光。因此，在直播间布光时，只有确定了主光，才能确定是否有必要添加辅助光、背景光和轮廓光等。

主光应该正对着主播的面部，与视频摄像头上的镜头光轴形成0°～15°的夹角，这样会使主播面部的光线充足、均匀，并使面部肌肤显得柔和、白皙。主光的灯位高度可以在鼻子下制造出对称的阴影，而不能在上嘴唇或者眼窝处制造太多阴影的位置。由于主光是正面光源，不会在主播的脸上产生阴影，但是会让视频画面看上去比较平板，缺乏立体感。

（二）辅助光

辅助光是从主播侧面照射过来的光，对主光能够起到一定的辅助作用。使用辅助光能够增加主播整体形象的立体感，让主播的侧面轮廓更加突出。例如，从主播左前方45°方向照射过来的辅助光可以使主播的面部轮廓产生阴影，从而突出主播面部轮廓的立体感；从主播右后方45°方向照射过来的辅助光可以增强主播右后方轮廓的亮度，并与主播左前方方向的灯光形成反差，提高主播整体造型的立体感。

辅助光要放在距离主播两边较远的位置，让五官更立体的同时也能照亮周围大环境阴影。辅助光距离主播比主光更远，所以只是照亮阴影而不是完全消除阴影。在调试辅助光时，需要注意光线亮度的调节，避免因某一侧的光线太亮而导致主播某些地方曝光过度，而其他地方光线太暗。

（三）轮廓光

轮廓光又称逆光，在主播的身后放置形成逆光效果。轮廓光能够明显地勾勒出主播的轮廓，将其从直播间的背景中分离出来，从而使主播的主体形象更加突出。

轮廓光具有很强的装饰作用，能够在被摄物体的周边形成一条亮边，为被摄物体“镶嵌”一个光环，形成视觉上的美感效果。在布置轮廓光时，要注意调节光线的强度，如果轮廓光的光线过亮，就会让主播前方的画面显得昏暗。

（四）顶光

顶光是次于主光的光源，从主播的头顶位置进行照射，给背景和地面增加照明，能够使主播的颧骨、下巴、鼻子等部位的阴影拉长，面部产生浓重的投影感，有利于塑造主播的轮廓造型，同时能够强化主播的瘦脸效果。顶光的位置距离主播的头顶最好在2米以内。

（五）背景光

背景光又称环境光，是主播周围环境及背景的照明光线，其主要作用是烘托主体或者渲染气氛，可以使直播间的各点亮度都尽可能地和谐、统一。由于背景光最终呈现的是均匀的灯光效果，因此在布置背景光时要采取低亮度、多光源的方法。

第三节　选择直播设备

根据直播环境的不同，直播分为室内直播和户外直播两种，这两种直播所需的设备有所区别。

一、室内直播设备

通常来说，室内直播所需要的设备主要有以下几种。

（一）单独的房间

做室内直播，首先需要有一个单独的、隔音效果好的房间，以免在直播中受到外界噪声的干扰，以致降低直播的质量。此外，主播还要对房间环境进行适当的布置和装饰，以提升直播画面的视觉效果。

（二）视频摄像头

视频摄像头是形成直播视频的基础设备，目前有带有固定支架的摄像头、软管式摄像头、可拆卸式摄像头。

带有固定支架的摄像头可以独立置于桌面，或者夹在计算机屏幕上，使用者可以转动摄像头的方向。这种摄像头的优势是比较稳定，有些带有固定支架的摄像头甚至自带防震动装置。

软管式摄像头带有一个能够随意变换、扭曲身形的软管支架。这种摄像头的软管能够多角度自由调节，即使被扭成“S”“L”等形状后仍可以保持固定，可以让主播实现多角度的自由拍摄。

可拆卸式摄像头是指可以从底盘上拆卸下来的摄像头。单独的摄像头能够被内嵌、对接卡扣在底盘上，主播可以使用支架或其他工具将其固定在屏幕顶端或其他位置。

（三）耳机

耳机可以让主播在直播时能够听到自己的声音，从而能够很好地控制音调、分辨伴奏等。一般来说，入耳式耳机和头戴式耳机比较常见。大多数主播会选择使用入耳式耳机，因为这种耳机不仅可以减轻头上被夹的不适感，还比较美观。

（四）话筒

除了视频画面外，直播时的音质也直接影响着直播的质量，所以话筒的选择也非常重要。目前，话筒主要分为动圈话筒和电容话筒。

1. 动圈话筒

动圈话筒最大的特点是声音清晰，能够将高音真实地进行还原。动圈话筒又分为无线动圈话筒和有线动圈话筒，目前大多数的无线动圈话筒支持苹果及安卓系统。动圈话筒的不足之处在于其收集声音的饱满度较差。

2. 电容话筒

电容话筒的收音能力极强，音效饱满、圆润，让人听起来非常舒服，不会产生高音尖锐带来的突兀感。如果直播唱歌，就应该配置一个电容话筒。由于电容话筒的敏感性非常强，容易形成“喷麦”，因此使用时可以给其装上防喷罩。

（五）声卡

声卡是直播时使用的专业收音和声音增强设备，一台声卡可以连接4个设备，分别是电容话筒、伴奏用手机或Pad、直播用手机和直播用耳机。

（六）灯光设备

为了调节直播环境中的光线效果，需要配置灯光设备。对于专业级直播来说，则需要配置专业的灯光组合以打造更加精致的直播画面。

（七）计算机和手机

计算机和手机可以用来查看直播间评论，与粉丝进行互动。主播也可以用手机上的摄像头拍摄直播画面。若要直播计算机屏幕上的内容，可以使用OBS视频录制直播软件；若要直播手机屏幕上的内容，则可以在计算机上安装手机投屏软件，然后再进行直播。

（八）支架

支架用来放置摄像头、手机或话筒，它既能解放主播的双手，让其做一些动作，也能增加摄像头、手机、话筒的稳定性。

二、户外直播设备

现在越来越多的主播选择到户外进行直播，以求给观众带来不一样的视觉体验。户外直播面对的环境更加复杂，需要配置的直播设备主要有以下几种。

（一）手机

手机是户外直播的首选，但不是每款手机都适合做户外直播。进行户外直播的手机，CPU和摄像头配置要高，可以选用中高端配置的苹果或安卓手机，只有CPU性能够强，才能满足直播过程中的高编码要求，也能解决直播软件的兼容性问题。

（二）上网流量卡

网络是户外直播首先要解决的问题，因为它对直播画面的流畅程度有着非常直接的影响。如果网络状况较差，就会导致直播画面出现卡顿现象，甚至出现黑屏的情况，会严重影响观众的观看体验。因此，为了保证户外直播的流畅度，主播需要配置信号稳定、流量充足、网速快的上网流量卡。

（三）手持稳定器

在户外做直播，通常需要到处走动，一旦走动，镜头就会出现抖动，这样必定会影响观众的观看体验。虽然一些手机具有防抖功能，但是防抖效果毕竟有限，这时需要主播配置手持稳定器来保证拍摄效果和画面稳定。

（四）运动相机

在户外进行直播时，如果主播不满足于手机平淡的拍摄视角，就可以使用运动相机来拍摄。运动相机是一种便携式的小型防尘、防震、防水相机，体积小巧，佩戴方式多样，拥有广阔的拍摄视角，可以拍摄慢速镜头，主播可以在一些极限运动中使用运动相机进行拍摄。

（五）自拍杆

使用自拍杆能够有效避免“大头”画面的出现，让直播画面的呈现更加完整，更加具有空间感。

自拍杆的种类非常多，如带蓝牙的自拍杆，能够多角度自由翻转的自拍杆，以及带美颜补光灯的自拍杆等。就户外直播来说，带美颜补光灯的自拍杆和能够多角度自由翻转的自拍杆更受欢迎。

（六）移动电源

很多直播设备都是需要用电的，而户外直播不像室内直播那样充电方便，所以做户外直播需要配备移动电源，以便随时为直播设备补充电量，以保证直播的正常进行。

第八章　农产品开播前的准备

第一节　直播间的准备

一、设计直播标题和封面

直播标题和封面在很大程度上决定了观众是否会进入直播间，因此一定要重视直播标题和封面的设计，给观众留下深刻的第一印象。

（一）直播标题设计技巧

直播标题字数最好控制在10~30字，文字描述要精准，要有亮点，突出利益点，以吸引精准用户进入直播间。农产品直播标题设计应把握下列技巧。

1. 突出地域

农产品具有非常强的地域属性，在直播标题中突出地域可以吸引对该地域农产品感兴趣的精准用户进入直播间。例如，山东烟薯、和田大枣、四川粑粑柑等。

2. 突出“三农”属性

例如，在直播标题中添加“助农”“惠农”“农产品”“农民”“农村”等字眼，借力乡村振兴的潮流，吸引目标用户。

3. 活用高流量热词

把直播平台近期出现的高流量热词用在直播标题中，不仅可以获得更多的平台分发流量，还能快速吸引用户的注意。在使用高流量热词的时候需要注意，这些词一定要与直播主题或产品紧密相关，不可出现夸张、虚假宣传的情况。

（二）直播封面设计技巧

直播封面要清晰、美观、大方，突出产品卖点，不宜过于艳丽。封面呈现的信息要有重点，不能把直播的所有信息都堆在上面。例如，如果以产品为核心，只需选一款主推产品放在封面中即可；如果想突出原产地直播、品质可靠，可以在封面中直接展示原产地、果园、菜园等；如果想突出价格便宜，把要卖的农产品成堆摆放展示就可以了。主图确定之后，再在主图上添加直播标题即可完成直播封面设计。

二、设置直播话题

话题标签实际上是直播的分类标签。话题标签设置得好，平台就会把这场直播推送给更多的目标用户，因此直播前最好设定一些话题，以吸引自然流量。话题一定要与产品的特征、卖点紧密结合，但广告性质不能太明显。

各个平台的直播话题设置方式有所不同。以抖音为例，如果刚开通直播间，那么可以在直播间界面左上角点触“选择直播内容”按钮，按提示设置话题即可（图8-1）；如果直播间已经打开，那么可以点触右侧下方的“…”按钮，然后点触“选择直播内容”按钮设置话题。一般来说，输入“#”和话题名称即可添加话题。

话题的结构一般有两种，一种是“类目词+活动词”，如“农产品专场”；另一种是“修饰词+类目词”，如“优质农产品”。我们也可以为直播设置主播正在讲的话题，如“如何挑选苹果”“牛肉怎么炖更好吃”等。

如果可能，最好提前准备一些话题，在直播的不同阶段及时更换话题。

三、设置直播间页面

以抖音为例，开播前点触“更多功能”按钮，或者在直播过程中点触右下角的“…”按钮，即可对直播间页面进行设置（图8-2）。直播间页面需要设置的地方并不是很多，但对新手来说，以下3个方面一定要设置。

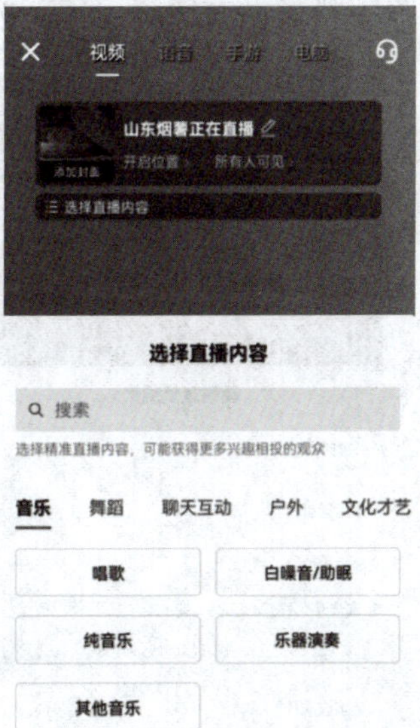

图 8-1 设置直播话题

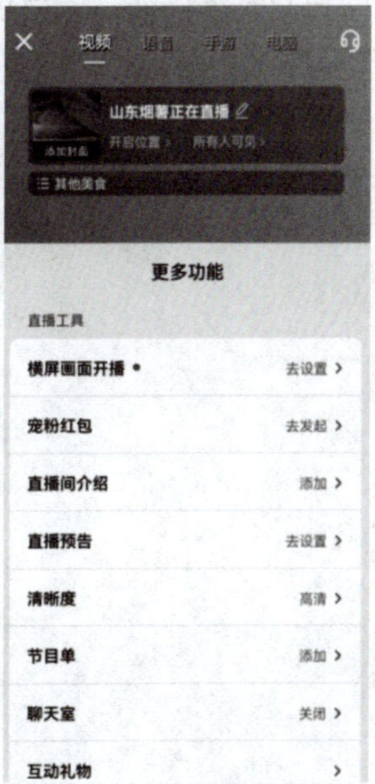

图 8-2 设置直播间页面

（一）直播间介绍

进入直播间的观众可以在直播间界面左下角看到直播间介绍，从而快速了解直播的情况，确定是否留下来继续观看。直播间介绍一般包括直播的内容、活动、话题及主播人设等，要尽可能言简意赅，让观众知道直播间在干什么（图8-3）。

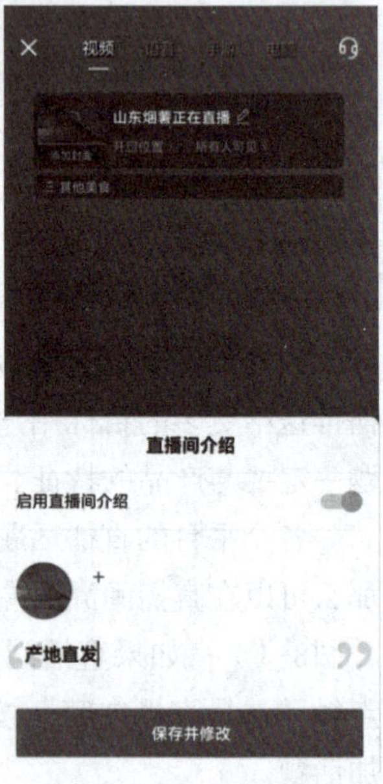

图 8-3　直播间介绍

例如，看到“源头工厂”“东北大米”“一站购齐”“产地直发”等信息，想买大米的观众就会留在直播间，继续了解、咨询、观看。再如，对铁棍山药有需求的观众看到“河南温县正宗垆土地铁棍山药夏季冷库新鲜发货，室内出摊啦”这样的介绍后，就会在第一时间锁定直播间。

（二）直播预告

直播预告是一个非常好的宣传阵地，用好了，直播效果倍增。直播预告展示的内容主要包括开播时间、每周重复和预告内容。“预告内容”中可输入想直播的内容，例如，“直播间不定时9.9元山东烟薯全国包邮”这样的内容可以吸引粉丝在直播间停留，改善直播数据（图8-4）。

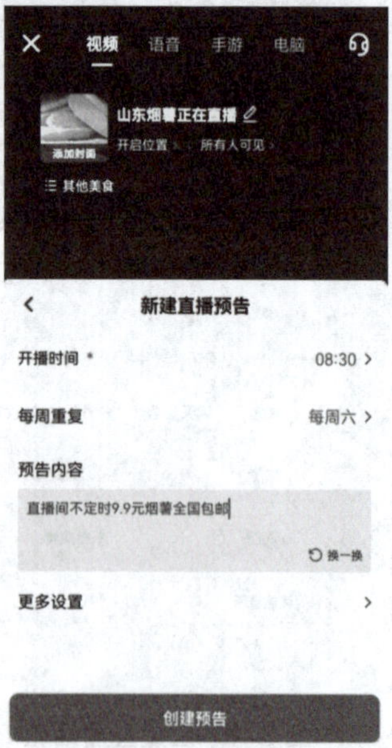

图 8-4　直播预告

（三）清晰度

直播的清晰度、流畅度直接影响观众的体验。设置清晰度的原则是宁可不够清晰，也绝不可以卡住。清晰度通常包括高清和标清两种。标清与高清的区别在于两者的分辨率不同，标清是指物理分辨率在720 P以下的一种视频格式，高清则是指物理分辨率超过720 P或1 080 P。如果网络状况比较好，清晰度就设置为高清；如果网络状况不太好，清晰度就设置为标清。

直播间公告可以展示的内容还有很多，在不违反平台规定的前提下可以根据每场直播的需求添加相应的内容。

四、摆放直播间的产品

产品摆放方式可以烘托直播间的销售氛围。当观众进入直播间时，产品摆放所产生的视觉冲击会直接影响观众的消费意愿和留存情况。不同类目产品的摆放技巧有所不同，建议先借鉴同行的做法，然后根据自己直播间的情况进行适当调整。

根据农产品的特性和用户对农产品的需求，可以在农产品直播间采取以下方式摆放产品。

（一）原产地室外摆放

使用这种摆放方式主要是为了表现农产品的生长环境及原生态、环保等特性，使农产品摆放与周围的自然环境自然地融合起来。例如，直播在柑橘园进行，直播镜头前摆放刚刚摘下的一些柑橘（图8-5）。

图 8-5　原产地室外摆放

采用原产地室外摆放方式时一定要给观众从田间地头到嘴边无缝对接、从树上到口边只差下单的感觉。最好在打包现场直播发货过程，让观众看到分拣的程序，尤其是次果、坏果、烂果被挑出来的过程，打消观众的顾虑。

（二）室内陈列架摆放

如果是推广多种农产品的助农专场直播，就可以用陈列架摆放产品。但如果直播间特别小，就不要设置陈列架了，以免显得直播间过于拥挤。在这种情况下，建议把直播销售的产品有序摆放在镜头里。如果产品过多，选择2~3种重点推介的产品摆放就可以了。

五、直播间测试与调试

直播开始之前，为了确保直播效果，主播一定要出镜做好直播间测试与调试。

（一）直播间环境

仔细查看直播间环境是否干净整洁，光线是否充足均匀。如果镜头中出现与直播无关的杂物，就要及时清理。

（二）镜头测试与调试

镜头测试与调试的重点是确保主播出镜的状态、形象最佳。无论主播是站着还是坐着，都要确保主播位于画面的中心位置，脸部位于画面中上部，画面上方要露出主播的头顶。镜头拍摄高度要控制在平行于主播额头的位置，从上往下拍。话筒、支架等设备尽量不要出镜，如果必须出镜，也要注意不要让其挡住主播的脸部。

（三）直播软件测试与调试

不同直播平台的操作流程和操作方式会有所不同。因此，在直播之前，团队需要对直播软件进行反复测试，确保操作熟练。一方面，主播、主播助理等直播人员要熟悉直播过程中常用的开始、镜头切换、声音调整等操作；另一方面，直播团队的其他人员要以观众的身份进入直播间观看，对直播间的画面、声音等进行检查，一旦发现问题就要及时解决。

第二节　主播的心理准备

一、新手主播常见的心理误区

新手主播常见的心理误区包括如下方面。

（1）认为只要对着手机说话就可以，低估了主播工作的难度和专业要求。

（2）对自己的外貌缺乏自信，不敢出镜。

（3）抱着试一试的态度，开播几天没有见到效果就不再继续。

（4）直播时遇到质疑、批评就难以承受。

（5）患得患失。

很多新手主播都会陷入这些心理误区。一旦陷入误区不能自拔，主播就可能很难再向前迈出一步，直播事业也就无法继续下去了。即使勉强开播，主播也会因为心理压力过大、直播效果不佳而放弃。因此，主播在开始直播之前必须做好心理准备，以最佳状态进入直播间。

二、化解直播紧张的方法

（一）正确面对

紧张是正常的生理行为，过分松弛会影响直播状态，适度紧张反而有利于发挥。只要不是过分紧张，一般人是看不出来的。

（二）心理暗示

直播前主播要善于给自己做正向的心理暗示。什么是正向的心理暗示？比如，我相信自己会越讲越好的；我可以成为很棒的主播；如果这次讲不好，那是因为经验不够，多讲就好了。

（三）精心准备

对直播新手而言，直播前的准备尤为重要。包括身体准备，直播前让身体状态达到最佳；形象准备，让自己看起来更像一个专业主播；工具准备，直播的各种设备如手机、手机架、灯光、电脑、耳麦都要准备到位。

（四）讲话提纲

直播一定要有提纲，要提前把自我介绍和要讲的重要内容提前整理出来，要按照提纲进行直播分享。

（五）反复演练

一场成功的直播离不开前期反复的训练，熟能生巧、巧能生精。

（六）随时互动

互动是直播的基本功。直播过程中，如果因为突发事件导致紧张忘词，那就停下来和听众进行互动吧。

第三节　新号开播准备

新号开播一般没有什么人气，也没有基础数据，这就需要直播人员深入了解流量来源有哪些、如何降低直播成本、如何做数据等，为直播事业打好基础。

一、了解自然流量的来源

自然流量与付费流量相对应，是指不需要付出成本就可以获取的流量。对直播带货来说，这种免费流量自然是多多益善。要想让直播间获取更多的自然流量，就必须弄清楚直播间的自然流量是怎么来的。

以抖音新号为例，直播自然流量主要有以下来源。

（1）直播推荐。通过推荐页面进入直播间，通过直播间经营数据指标撬动流量推荐，通过提升直播间停留、互动、转化指标优化流量来源。

（2）抖音群。抖音群相当于抖音里的私域流量，群里的小伙伴可以看到直播通知。

（3）视频推荐。视频上了热门，刷到你的视频的用户有一部分会进入你的直播间。

（4）粉丝。粉丝对你有基础的认知和认同感，也是直播间最好的守护者。

（5）个人主页。将直播时间固定，在个人主页上广而告之。

（6）打开同城。同城是指和你在同一个城市，平台在直播刚开始时会为其推荐部分同城观众。

二、降低直播成本

直播成本可以分为很多方面，如人力成本、装修成本、营销成本等。其中，人力成本、装修成本通常是固定的，因此这里重点分析如何降低直播的营销成本。对直播来说，营销的目的在于引流，增强观众的信任感和认同感，培养用户观看、消费的习惯。因此，降低营销成本的本质是降低信任成本、认同成本和习惯成本。

（一）降低信任成本

信任成本是指主播为获得观众的信任而付出的成本。对带货主播来说，在产品介绍环节需要付出的信任成本最大。事实上，主播过度解读、过分夸大产品的卖点，反而容易引起观众的怀疑，观众在选购产品时真正需要、信任的恰恰是实事求是、客观真诚的推介。例如，某知名主播在介绍产品时会在展示板上列出该产品在各大电商平台上的售价，让观众通过对比理性选购。

（二）降低认同成本

认同成本是指主播为了获得观众对产品的认同而付出的成本。有时，主播反复强调产品有多么好、多么超值并不能获得观众的认同，而从观众需求出发介绍产品要省力很多，更容易获得观众的认同。

例如，在推荐大蒜时，如果一味强调大蒜新鲜、无污染、皮薄瓣大，观众可能很难产生认同感；如果通过制作凉拌菜的场景介绍大蒜的优点，观众就很容易产生认同感。

（三）降低习惯成本

习惯成本是指主播为了培养观众观看、消费的习惯而付出的成本。不少主播在直播过程中花费大量的时间和精力告诉观众如何观看直播，要求观众下单，这些行为恰恰容易导致观众流失。如果主播根据观众需求以产品为核心做直播，就更容易将观众留在直播间。例如，销售西红柿的时候，不能只介绍西红柿有多么好，还要介绍西红柿的生长环境及生长过程中发生的故事，甚至现场展示怎么用西红柿做菜。

三、直播间引流

解决新号直播间人少的问题，主要思路是：要么让来的人足够多，要么让走的人足够少。也就是说，要解决引流和留存的问题。

（一）福袋提醒

例如，主播可以说："来，宝贝们，左上角的福袋先领一下。不要着急，我给你们说一下今天直播间有什么是你们必抢的。"

（二）"爆款"推荐

例如，主播可以说："我手里拿的是粑粑柑，肉质鲜嫩多汁，颗粒感满满，每年秋冬的爆款水果。"

（三）福利预告

例如，主播可以说："福袋活动结束的时候，你们提醒一下我，刚刚到了一些新鲜枇杷，直接拿来做福利。宝贝们，别走开！"

四、学会做数据

没有数据就没有流量，对新手主播来说，做第一场直播时就要学会做数据。那么，如何有效且合规地做数据呢？我们要从平台考核入手，平台考核什么指标，我们就做什么数据。以抖音为例，直播平台对每一场直播的考核主要体现为以下5个数据，这些也是直播团队从首场直播就要学会做的数据。

（一）点赞数

虽然直播平台对点赞数并没有明确的要求，但实际上点赞数越多越好。尤其是开场，点赞数越多，平台分发给直播间的流量就越多。因此，主播要在直播过程中不断地引导观众点赞。当然，凡事过犹不及，如果一场直播变成了主播一直说“请给我点赞”，恐怕吸引再多的流量最终也会流失。

（二）评论数

评论数和点赞数一样，越多越好。不过，抖音平台的规则是每个用户在每一场直播只能发布一次有效评论。也就是说，同一个用户在同一场直播中多次发布评论，平台只认定为一次有效评论。但是，观众在直播间看到的是不断滚动的评论，所以即使是同一个人不断地发布评论，对直播效果也是有影响的，可以帮助直播间营造良好的氛围。

（三）付费人数

在直播过程中，主播要经常与观众互动，引导观众点亮粉丝灯牌（需要少量付费）、下单等。

（四）新增粉丝数

新观众进入直播间，第一次点关注，就属于新增粉丝。这个时候，主播要及时与新观众互动，表示欢迎、感谢，吸引其他尚未关注的游客转化为新增粉丝。

（五）停留时长

抖音平台十分注重观众的停留时长，该指标在考核中的权重最高。因此，主播要不断地通过互动增加观众的停留时长。

第九章　直播带货实战技巧

第一节　塑造良好的直播形象

场景决定视频的基调，好的主播对产品进行讲解无疑是锦上添花。无论是农产品电商企业培养主播还是从事农产品代言的主播，应尽可能地塑造良好的主播形象。

一、打造专业可依赖的人设

农产品消费者所需的产品信息依赖着主播的讲解，主播作为农产品代言人应首先做到专业，让消费者产生信任和依赖感。

首先，农产品主播应根据所选择的直播场景进行内容定位。何种场景，适合讲些什么，从消费者的角度去考虑其想听的内容。同时主播应提前熟知相关农产品知识，做到心中有数，然后通过专业讲解说给消费者听。内容上，主播选择对所卖产品进行科普时，可以从产品生产周期、特色、食用方法等角度进行科普，如可以怎么吃、怎样吃更营养、怎样更美味等；选择美食教程的方式进行直播时，可以现场教学，告知消费者烹饪的步骤及注意事项；选择农业教育的方式进行推广时，可拍摄产品从播种到销售的整个过程，并在每个过程中介绍一些知识点，如挂果期怎么做怎么处理等。

其次，农产品主播除了对讲解内容专业外，还应开发新的农产品展示方法。比如农产品是吃给消费者看，还是通过现场烹饪等方式展现给消费者，除了单纯的介绍，应结合现场验证等方式，通过自身实验或者借别人之口将农产品货真价实的特色点展现出来，让消费者更容易信服。

通过对内容的精准定位与合适的展现方式，主播将农产品的卖点讲解好，做好在卖家和消费者之间的农产品价值传递者和引导者。

二、定位个人魅力

主播的形象举止、直播风格影响着消费者对直播间画面的视觉感受。好看的主播可用于养眼，而有趣灵魂能吸引别人的注意。

农产品主播应做好自身的个人魅力定位，如淳朴风、搞笑风、接地气风等。农产品主播在代言时，首先，应找到自己所代表的角色，背后是代表新农人还是代表企业。其次，做好账号定位。如果昵称代表个人账号，应好记、好理解，同时体现所代言产品的特色；简介使用注意标签化，可体现出核心价值；头像可采用真人或者所代言的产品等；拍摄视频的封面注意具有统一性、主题性等。再次，搭配合适的穿着等进行直播，比如在田地里干活，裙子肯定是不合适的。最后，根据产品相关情况，找到适合自己的风格，比如主播自身就是新农人，可以讲自己的生活，讲新农村的事等。

第二节　直播主持技巧

在网络直播中，语言是主播思维的集中体现，与主播的外在形象相比，说话更能体验出修养和气质。说话是一门艺术，一位主播即使外在条件非常出众，但说话时如果语无伦次或者信口开河，观众也不会有观看其直播的兴趣。因此，要想成为一位优秀的主播，掌握一些话术是门必修课。

一、主播说话的原则

要想成为一个被观众推崇的主播，最重要的是要有“高情商”。“高情商”的重要表现是会说话，让观众在观看直播、与主播互动的过程中感觉到主播的亲切与友善。

（一）主播的表现不能过于怯懦或强势

在网络直播中，主播和观众的互动主要体现在双方的对话上。在与观众对话的过程中，主播的表现不能过于怯懦或强势。

怯懦是指主播在与观众沟通对话的过程中，总是观众问一句，自己答一句，不会自己找话题占据主动；而强势是指主播自说自话，根本不关心也不在乎观众在说什么、想听什么，这两种都是比较极端的表现。

（二）学会聆听观众的声音

主播与观众说话时，不仅要懂得如何去说，还要懂得如何去听。只有仔细聆听观众对自己意见的回馈或反映，才能确定观众有没有在听自己说话，以及观众是否真正明白自己说的话。此外，主播通过听也可以发现观众所关心、愿意讨论的话题在哪里。

（三）说话用词要得体

如果主播在说话时夸大其词，或者不看对象、词不达意，都会成为引发观众反感的导火索，因此主播说话用词一定要得体。

（四）语言表达方式要灵活

由于说话对象、说话目的和说话情境不同，语言的表达方式也不尽相同。主播与观众沟通时，要根据实际情况灵活选择是直率地表达自己的观点，还是委婉地表达自己的意见。该直率时却不直率，该委婉时却不委婉，同样无法达到有效交流的效果。

（五）对观众的赞美和礼物要表示感谢

在直播过程中，观众经常会在评论区对主播表示赞美，或者向主播赠送礼物表示支持与肯定，这时主播都要及时地表示感谢。尤其是主播收到礼物后，无论礼物的数量与价值有多少，都要一视同仁，向赠送礼物的观众表达感谢。其实在直播中不只是主播希望获得关注，观众同样也希望获得关注。观众在评论区活跃发言或者向主播赠送礼物，除了对主播表达赞赏和支持外，也希望在直播中获得参与感。主播对观众表达感谢，能够让其感觉自己是被尊重的，已经真正参与到与主播的互动交流中。

（六）把握好开玩笑的尺度

为了提升直播间的氛围，很多主播会在直播过程中讲一些玩笑话来引起观众兴趣。但是在开玩笑时，主播要注意说话的分寸，把握好尺度。

在直播过程中，主播既不能开一些低俗玩笑，也不能为了娱乐观众而拿别人的短处或痛处开玩笑，更不能为了逞口舌之快而谈论具有争议性的敏感性话题，主播很可能会因为谈论这些话题而被直播平台封号。

二、寻找有趣的沟通话题

在直播过程中，只要有话题，就能不断地与观众进行沟通。主播可以通过以下方法来寻找沟通的话题，以打破直播间冷场的尴尬。

（一）寻找共同点

人们都喜欢与自己有共同点的人谈话、交往，以此来寻求共鸣。因此，主播在与观众沟通的过程中，可以寻找双方的相似点，如共同的兴趣、地域、职业、经历等，这样有助于加深彼此的感情，拉近与观众之间的心理距离。

（二）用问题激发观众互动

提问是一种非常有效地激发观众互动的手段。例如，主播可以询问观众所在的领域发生了哪些变化，遇到了什么问题等，然后从观众的回答中找出一些观众都比较感兴趣的话题再进行深入的沟通。

三、农产品直播话术

主播平时可以积累一些直播话术，这对于直播来说很有帮助。

（一）农产品直播话术包含的因素

农产品直播话术应包含以下因素。

1. 讲明这是什么

可以从农产品的色泽、口感、营养成分、生长环境进行讲解，产品本身的这些东西，可以事先写好提示提纲，这样也就不会冷场。

2. 告诉用户产品在哪里

告诉用户产品在哪里，几号链接可以购买，直播的话术要简单、要直接让粉丝知道你想说什么，这个是很多新手主播都容易漏掉的东西。需要在直播间重复地讲下单的方式，并且要直观地演示给观众看，有条件双人直播时，助理就可以拿着手机一步一步教粉丝如何领取优惠券、如何下单、如何付款等。

3. 说清楚产品的适用范围

介绍产品时要讲明白哪些人适合用，介绍产品的使用人群，让粉丝更加了解你的同类产品之间的区别。比如茶叶，有些产品自己吃，如果是送人，可能另外一款产品更加合适，这些要跟用户讲明白，我们把这种话术称为“减少用户的选择成本”。

4. 告诉观众为什么要购买

在直播中，要清晰地告诉观众为什么需要买这款产品，也就是要讲明白购买的理由，这时候的话术其实就是介绍产品的卖点和使用方式等。

5. 讲清楚具体的价格

在直播中，告诉观众什么时候有优惠券、如何领取、如何使用最划算、到手价是多少等，这样才能刺激观众的痛点，如喜欢优惠的心理，去引发观众的购买欲望。

（二）农产品直播常用话术

使用直播的话术不一定会让观众购买自己的产品，但是却可以拉近与观众直接的距离感，从而促进观众消费。

（1）欢迎各位朋友来到我们的直播间。

（2）产品口感描述：甘甜脆嫩的口感，高蛋白的森林蔬菜，3月份是吃笋的季节，在最好吃的时间，一定要尝个鲜（一个星期之后就会变老，口感不如现在，下周就不主推了）。

（3）根据自己需求去拍，人多可以拍大份，更实惠，人少可以拍小份，够吃也不浪费（体现亲和力、带入场景，不要夸大描述）。

（4）物流方便，包邮到家，现挖现发不含添加剂。

（5）好吃不贵，价格实惠，直播间产品保证品质。

（6）想买的朋友直接下方购物车，链接直接下单，放心买放心拍，今天下单承诺24～48小时发货哦。

（7）售后到位，有破损先拍照，然后直接找客服替大家处理问题。

第三节　直播带货技巧

一、开场技巧

（一）活跃开场气氛

开场阶段的直播间气氛将直接影响观众是否愿意继续留在直播间，进而影响后面的带货效果。活跃开场气氛的关键是利用好自身优势和优惠提醒，营造亲切、热闹的氛围，提升观众的体验。有的主播在开场阶段先放一段音乐，就是为了活跃气氛，让直播间热闹起来。

（二）欢迎和预告技巧

暖场之后，主播要对进入直播间的观众表示欢迎，并预告本场直播的主题、主推产品，为接下来的直播带货做好铺垫。这个环节虽然看起来很简单，但实际上主播的一个表情、一句话都可能影响效果。主播在做欢迎和预告时要注意以下3点。

1. 不要机械地背诵话术

虽然主播需要提前准备一些欢迎、预告的话术，以备不时之需，但如果像机器人一样机械地背诵，只会起到反作用。主播要以自然、亲切的态度对进入直播间的观众表示欢迎，语气要充满热情。

2. 直接点出某位观众的名字

如果直播全场都使用通用话术对所有人表示欢迎，那么不管主播表现得多么热情，都很可能会让观众觉得主播的情意有些假。因此，主播在表示欢迎的时候可以不时地点出某位观众的名字，让对方觉得自己很受重视，同时让其他观众感受到主播的真诚。例如，主播可以说：“欢迎×××（观众名字）来到直播间！”

3. 适当地使用语气词

主播适当地使用语气词可以让自己显得更有亲和力，与观众沟通就像当面聊天一样亲切。但不可过度使用语气词，只在需要的时候使用即可。

二、介绍产品

经过暖场、欢迎之后，主播就要自然地过渡到产品介绍环节了，毕竟销售才是带货直播的核心。产品介绍的好坏将直接影响转化率的高低。如果主播在这个环节频频出错，转化率就一定会很不理想。

（一）展示产品的全貌和细节

展示产品的全貌和细节有助于观众更加了解产品的外观、特点并产生信任感，促成下单。主播展示产品全貌时应完整露出产品；展示产品细节时应尽可能靠近镜头，可切换近景机位，这样效果更好。

（二）塑造产品价值

塑造产品价值其实就是介绍卖点，包括但不限于产地、特色、大小、颜色、物流等。主播介绍这些卖点时一定要能明确地回答观众提出的各种问题，让观众明白为什么要买这款产品、为什么需要这款产品等。产品卖点最好提前列出来，主播也要提前熟悉，最好背下来，这样在直播的时候才能做到信手拈来。

三、与观众互动

直播活动中的互动，主要有以下几类。

（一）弹幕互动

弹幕，即大量以字幕弹出形式显示的评论，这些评论在屏幕上飘过，所有参与直播的观众都可以看到。传统的弹幕主要出现在游戏直播、户外直播等纯互联网直播中，目前已经有直播平台尝试参与电视直播，与体育比赛、文艺演出等合作，进行互联网直播及弹幕互动。

（二）参与剧情

这类互动多见于户外直播。主播可以邀请网友一起参与策划直播下一步的进展方式，增强观众的参与感。邀请观众参与剧情发展，一方面可以使观众充分发挥创意，令直播更有趣；另一方面可以让被采纳建议者获得足够的尊荣感。

（三）直播红包

直播间观众可以为主播或主办方赠送“跑车”“游艇”“玫瑰”等虚拟礼物，表示对其认可与喜爱。但此类赠送只是单向互动，其余观众无法参与。为了聚集人气，主播可以利用第三方平台进行红包发放或等价礼品发放，与更多的观众进行互动。

（四）礼物打赏

在直播过程中，出于对主播的喜爱，观众会进行礼物赠送或打赏，同时为维护企业形象，主播应在第一时间读出对方昵称、予以感谢。

四、说服购买

很多观众即使对产品没有顾虑，也会在下单时犹豫不决，因为他们想再多看看其他同类产品，对比一下再做决定。主播要想办法帮助观众排除其他选择，说服观众。

（一）制造对比

农产品很容易出现同质化竞争的问题。这就需要主播通过对比展示自家农产品的特色和优势。农产品的对比首先是地域性的对比，一般可以从土壤、天气、光照、雨水、海拔等角度进行对比，突出农产品的地域优势。

例如，某直播间有人说“土豆价格贵”，主播可以对比高山土豆和平原土豆。首先，土壤品质不同，高山土壤富含各种有机物，土壤品质更高；其次，高山地区的光照时间比平原地区长，所以土豆长得更好；最后，高山地区的人工种植成本比平原高，所以高山土豆比平原土豆的价格高一点。

制造对比的目的在于让观众知道产品好在哪里、为什么便宜（强调福利）、为什么贵，从而让观众放弃“再看看”“再想想”的态度，快速下单。

（二）去抽象化

抽象化是指运用抽象、难以感知、无定义的方式对事物进行表现或描述。去抽象化则是使用具体、可感知、可定义的方式对事物进行表现或描述。在直播间，主播采用去抽象化的方式介绍产品，可以让观众对产品有更深入的了解。

以葡萄为例，主播说“我们的葡萄非常甜”，这就属于抽象化表达，因为仅用语言描述的甜是难以具体感知的，而且几乎所有的葡萄都这样宣传。去抽象化表达就是将卖点通过具体的数字、细节表述出来。例如，主播可以说“我们的葡萄糖度18.9，真的是很甜”。

总之，去抽象化表达要求主播在介绍产品时描述具体、可感知的细节，这样才能在观众脑海中留下深刻的印象。

五、催促下单

如果在说服阶段有些观众还没有下单，主播就要通过营造热销氛围、强调促销政策、提醒即时销量等方式让观众觉得产品很值，催促其下单。

（一）营造热销氛围

直播间消费在很大程度上是一种情绪性的消费，观众的情绪很容易被热销氛围所带动，继而产生下单购买的冲动。因此，主播在介绍产品后通过一些方法营造产品热销的氛围，对促进犹豫不决的观众下单会有很好的效果。

营造热销氛围通常采用以下方法。一种方法是播放节奏感强、有动感和冲击力的音乐。另一种方法是使用话术。例如，主播可以说：“今天这款是宠粉福利款，数量有限，需要的宝宝们在公屏上打‘想要’两个字。这款是用来宠粉的，只有100个，今天就看您的手速啦！”

（二）打造可预期的惊喜

相较于线下卖场，直播间更需要营造热闹、欢快的购物氛围，让观众感觉在直播间买到的产品完全符合其预期，甚至超出其预期。主播可以通过强调活动力度、赠品、福利等让观众觉得产品很值，不买就亏了，从而快速下单。

（三）不断提醒即时销量

很多带货主播会在某款限时限量产品卖完后直呼："抢完了！还能再补500件吗？"主播这样说看似惊讶，实则故意强调产品因热销而售罄。主播不断提示即时销量或剩余库存，可以营造产品十分畅销的氛围。主播可以采用不断重复、倒计时等方式制造紧迫感，引导观众下单。

（四）讲解下单流程

催促观众下单的时候，主播可以讲解下单流程，帮助不知道如何下单的观众快速完成下单。主播在讲解下单流程时一定要详细，分解每个动作。例如，主播可以说："主播把下单流程再给大家讲一下，屏幕下方有一个黄色的购物车图标。点开后，里面有今天的福利款产品，点开后填写自己的收货地址、姓名、联系方式就可以了。还有不清楚的宝宝也可以在右上角先点关注，点关注后有需要了解的可以联系客服。"

六、感谢、追单、预告

一场直播快结束时，主播一定要做好3件事：表达感谢、及时追单、对下一场直播进行预告。

（一）表达感谢

主播一定要对直播间的观众表示感谢。无论观众是否购买产品，都要感谢他们的陪伴和支持。对于购买产品的观众，主播可以直接点名表示感谢，也可以赠送一些小礼物表达感谢。例如，主播可以说"谢谢今天一直陪伴我的家人们，你们是我坚持开播的动力，明天晚上7点我们继续见面""现在这天气忽冷忽热的，家人们一定要及时增减衣物，你们要是感冒了，我会很难过的。再次谢谢家人们的支持，我要下播了，明天再见"等。

（二）及时追单

在感谢之余，主播也不要忘记及时追单，让还没有下单的观众继续下单。

（三）对下一场直播进行预告

在下播之前，主播一定要预告下一场直播的时间、有什么产品、有什么福利等。例如，某知名图书主播会在本场直播即将结束时反复预告下一场直播的内容，并让观众通过定制口令抽"福袋"，这样做不仅可以控评，还能让观众了解下一场直播的时间和内容。

第四节　直播售后

一、订单盘点

每次直播后都要对直播进行总结和复盘，分析每场直播的优缺点，了解订单情况有利于及时更新直播活动和促销策略，调整产品上架顺序、更新库存等。

对订单进行全面、系统的盘点，不仅是为了更快速有效地发货，更是对本场直播的一次复盘，为下一场直播的选品、备货、话术调整提供依据。

二、打包发货

（一）打包发货的重要性

直播带货目的是将产品卖出去，如果有观众购买，那么产品的打包及发货就是一件重要的事。因为打包和发货才是产品销售的最终环节。一旦这一步处理不好，会影响消费者的满意度。所以在这个环节，你一定要按照之前承诺的，24小时或者48小时内准时发货。打包时，一定要保证产品到顾客手上的包装是完好无缺的。当顾客收到货后，如果有反馈一定要第一时间回应，如果发生差评事件，不管是谁的错，要先跟顾客道歉，然后搞清楚差评的原因，如果是自己一方的失误，就要进行赔偿，切莫与顾客争吵。

（二）农产品包装的要求

农产品包装应具有安全性、实用性、可辨识性和故事性。

1. 安全性

安全性是农产品包装的首要原则。农产品作为食品，其包装材料必须符合国家相关标准，确保对人体无害。包装材料应具有良好的防潮、防霉、防虫等功能，以保护农产品在运输和储存过程中不受污染和损坏。此外，包装还应具有一定的抗压性和耐摔性，以防止在物流过程中因碰撞和挤压造成农产品破损。

为了提高农产品包装的安全性，可以采取以下措施：一是选用环保、无毒、可降解的包装材料，减少对环境的污染；二是采用真空包装、气调包装等技术，延长农产品的保鲜期；三是加强包装过程中的卫生管理，确保包装环境清洁、无菌。

2. 实用性

农产品包装的实用性主要体现在方便运输、储存和使用等方面。包装应根据农产品的特性和市场需求进行设计，既要考虑到产品的保护效果，又要方便消费者的使用。例如，对于易碎的农产品，包装应具有较好的抗震性能；对于需要大量储存的农产品，包装应便于堆叠和搬运。

为了提高农产品包装的实用性，可以采取以下措施：一是优化包装设计，使其更符合人体工学原理，方便消费者开启和关闭；二是采用可重复使用的包装材料，降低包装成本；三是加强包装与物流环节的衔接，提高运输效率。

3. 可辨识性

农产品包装的可辨识性是指包装能够通过图案、文字、色彩等元素，使消费者迅速识别产品的品牌、种类和特色。这有助于消费者在购买时作出准确的选择，同时也提升了产品的市场竞争力。

为了提高农产品包装的可辨识性，可以采取以下措施：一是设计独特的包装图案和标志，使产品在货架上脱颖而出；二是使用醒目的色彩和字体，突出产品的特点和卖点；三是添加详细的产品信息，如产地、生产日期、保质期等，方便消费者了解产品情况。

4. 故事性

农产品包装的故事性是指通过包装设计，传达出产品的背后故事，增加产品的情感价值和文化内涵。这不仅有助于提升消费者对产品的认知和兴趣，还能增强品牌的影响力。

为了实现农产品包装的故事性，可以采取以下措施：一是挖掘农产品的产地文化、历史背景和传统工艺，将其融入包装设计中；二是通过图片、插画等形式，展示农产品的生长环境和生产过程；三是运用故事性的文字描述，讲述农产品的独特之处和品牌价值。

（三）农产品包装方式

农产品按包装规格可分为三类：一是保存时间较短，易损坏、撞伤、腐烂的产品，如樱桃、桃子、杧果等；二是保存时间较长、不易腐烂的产品，如橙子、苹果等耐储存的水果；三是保存时间较短且需特殊储存条件的产品，如海鲜类、手工制作食品等。每一种农产品在包装上都要根据具体情况进行实践测试分析，直到找到最合适的包装方式。

常见的农产品包装方式有真空包装、无缝隙包装、密闭包装与活鲜箱包装。

1. 真空包装

真空包装也称减压包装，是将包装容器内的空气全部抽出密封，使袋内处于高度减压状态，空气稀少相当于低氧效果，使微生物没有生存条件，以达到果品新鲜、无病腐发生的目的，常用于腌制品、腊肉、火腿、咸鱼、香肠等产品的包装。

2. 无缝隙包装

无缝隙包装是采用填充物或无缝模型让产品与包装无缝缝合，达到抗压防碎的功能，常用于易碎农产品的包装，如鸡蛋、松花蛋、咸鸭蛋等。

3. 密闭包装

密闭包装是指包装容器装好产品后，为了确保内装物品在运输、储存和销售过程中保留在容器或者包装袋中，避免受到污染、损坏而进行的各种封闭工艺，常用于鲜果类农产品的包装。

4. 活鲜箱包装

活鲜箱包装是一种由高阻隔或次高阻隔薄膜材料制成的充氧活鲜水产包装袋，适用于水产品的保活鲜储运和销售。普通活鲜农产品的包装采用“真空包装+泡沫箱+冰袋”也能满足要求。

三、物流跟踪

物流跟踪是售后服务非常关键的一个环节，只有确保货品按时保质地送到客户手中，销售才算真正完成。除了跟踪物流时间，还要跟踪到货的农产品是否完好、是否存在异常签收等。

（一）没有物流信息

这种情况发生的概率很低，但是一旦发生就比较麻烦，不仅可能发生货品丢失的情况，还会影响直播间的信誉和口碑。因此，对于所有发出去的货品，都要及时确认是否已有物流信息。如果发现没有物流信息，就要第一时间联系快递公司了解情况，关注后续的信息更新。

（二）物流信息异常

物流信息异常是指一开始有物流信息，中途物流信息不更新或物流信息中的地址与客户地址不一致。

如果是中途物流信息不更新，就要先安抚客户，然后向快递公司了解情况，跟进核实结果，及时向客户反馈。

如果是物流信息中的地址与客户地址不一致，同样要先安抚客户，然后在订单系统中核实客户地址。若地址无误，则可能是快递公司出现了错误，此时要立即联系快递公司核实情况并提供正确地址，要求快递公司修改地址，跟进处理结果并及时反馈给客户；若地址有误，则要立即通知快递公司拦截货物，同时安排补发货物或给客户退款，并真诚地向客户道歉。

（三）物流信息显示已签收但客户未收到

这种情况经常会出现，而且一旦出现，客户往往会有很大的负面情绪。这时的重点工作是安抚好客户，同时快速联系快递公司核实情况。如果是丢件，就要立即安排补发或退款，然后提供交易截图、物流信息等资料，与快递公司协商处理办法；如果是未派送，就要催促快递公司立即派送，跟进处理结果，及时向客户反馈。

四、售后处理

售后问题是指客户下单后反馈的各种问题，如少发漏发、退换货等。无论是哪种问题，都要耐心倾听，不反驳、不狡辩、不争论，及时回复、不拖沓、不推诿，跟客户协商处理完毕后还要总结售后服务存在的问题，及时予以纠正。

（一）未发货仅退款

这种情况看似比较简单，但要注意在发货之前还有一个库房配货环节，售后人员必须与库房配货人员做好沟通协调，避免出现退款后又发货的情况。在与库房配货人员沟通之前，售后人员要核对客户购买数量与退款金额，因为有时客户可能选择部分退款，这些细节都会影响客户体验。此外，还要关注客户退款的原因，以便后续改善。

（二）已发货未到货退款

这种情况的风险是比较大的，售后人员一定要重点关注、快速处理。售后人员要查看订单物流信息，告知客户货品已发出，争取让客户不要退款。如果客户坚持要求退款，就要根据物流信息处理。若货品刚发出，则通知快递公司退回货品，收到退货后再退款；若货品快到达目的地，则要先拒绝退款，待客户收到货品后再按照“退货退款”处理。

（三）退货退款

对于退货退款的情况，售后人员需要重点关注退货物流信息及退货之后的货品验收。如果退货物流信息出现异常，就要与客户、快递公司保持沟通，做好对接。在货品验收环节，要核查货品是否有影响二次销售的情况，货品的款式、数量是否与发货时一致等。

（四）少发漏发

如果客户反馈货品少发漏发，售后人员在安抚好客户情绪后要立即安排补发，然后在订单系统中核实情况，看看到底是仓库少发漏发还是快递遗失。如果是快递遗失，就要联系客户提供相关资料，然后跟快递公司核实。

附录　国家广播电视总局　文化和旅游部关于印发《网络主播行为规范》的通知

广电发〔2022〕36号

各省、自治区、直辖市文化和旅游厅（局）、广播电视局，新疆生产建设兵团文化体育广电和旅游局：

为进一步规范网络主播从业行为，加强职业道德建设，促进行业健康有序发展，国家广播电视总局、文化和旅游部共同制定了《网络主播行为规范》。

国家广播电视总局　文化和旅游部

2022年6月8日

网络主播行为规范

网络主播在传播科学文化知识、丰富精神文化生活、促进经济社会发展等方面，肩负重要职责、发挥重要作用。为进一步加强网络主播职业道德建设，规范从业行为，强化社会责任，树立良好形象，共同营造积极向上、健康有序、和谐清朗的网络空间，制定本行为规范。

第一条　通过互联网提供网络表演、视听节目服务的主播人员，包括在网络平台直播、与用户进行实时交流互动、以上传音视频节目形式发声出镜的人员，应当遵照本行为规范。利用人工智能技术合成的虚拟主播及内容，参照本行为规范。

第二条　网络主播应当自觉遵守中华人民共和国宪法和法律法规规范，维护国家利益、公共利益和他人合法权益，自觉履行社会责任，自觉接受行业主管部门监管和社会监督。

第三条 网络主播应当遵守网络实名制注册账号的有关规定，配合平台提供真实有效的身份信息进行实名注册并规范使用账号名称。

第四条 网络主播应当坚持正确政治方向、舆论导向和价值取向，树立正确的世界观、人生观、价值观，积极践行社会主义核心价值观，崇尚社会公德、恪守职业道德、修养个人品德。

第五条 网络主播应当坚持以人民为中心的创作导向，传播的网络表演、视听节目内容应当反映时代新气象、讴歌人民新创造，弘扬中华优秀传统文化，传播正能量，展现真善美，满足人民群众美好生活新需要。

第六条 网络主播应当坚持健康的格调品位，自觉摈弃低俗、庸俗、媚俗等低级趣味，自觉反对流量至上、畸形审美、“饭圈”乱象、拜金主义等不良现象，自觉抵制违反法律法规、有损网络文明、有悖网络道德、有害网络和谐的行为。

第七条 网络主播应当引导用户文明互动、理性表达、合理消费，共建文明健康的网络表演、网络视听生态环境。

第八条 网络主播应当保持良好声屏形象，表演、服饰、妆容、语言、行为、肢体动作及画面展示等要文明得体，符合大众审美情趣和欣赏习惯。

第九条 网络主播应当尊重公民和法人的名誉权、荣誉权，尊重个人隐私权、肖像权，尊重和保护未成年人、老年人、残疾人的合法权益。

第十条 网络主播应当遵守知识产权相关法律法规，自觉尊重他人知识产权。

第十一条 网络主播应当如实申报收入，依法履行纳税义务。

第十二条 网络主播应当按照规范写法和标准含义使用国家通用语言文字，增强语言文化素养，自觉遏阻庸俗暴戾网络语言传播，共建健康文明的网络语言环境。

第十三条 网络主播应当自觉加强学习，掌握从事主播工作所必需的知识和技能。

对于需要较高专业水平（如医疗卫生、财经金融、法律、教育）的直播内容，主播应取得相应执业资质，并向直播平台进行执业资质报备，直播平台应对主播进行资质审核及备案。

第十四条 网络主播在提供网络表演及视听节目服务过程中不得出现下列行为：

1. 发布违反宪法所确定的基本原则及违反国家法律法规的内容；

2. 发布颠覆国家政权，危害国家统一、主权和领土完整，危害国家安全，泄露国家秘密，损害国家尊严、荣誉和利益的内容；

3. 发布削弱、歪曲、否定中国共产党的领导、社会主义制度和改革开放的内容；

4. 发布诋毁民族优秀文化传统，煽动民族仇恨、民族歧视，歪曲民族历史或者民族历史人物，伤害民族感情、破坏民族团结，或者侵害民族风俗、习惯的内容；

5. 违反国家宗教政策，在非宗教场所开展宗教活动，宣扬宗教极端主义、邪教等内容；

6. 恶搞、诋毁、歪曲或者以不当方式展现中华优秀传统文化、革命文化、社会主义先进文化；

7. 恶搞、歪曲、丑化、亵渎、否定英雄烈士和模范人物的事迹和精神；

8. 使用换脸等深度伪造技术对党和国家领导人、英雄烈士、党史、历史等进行伪造、篡改；

9. 损害人民军队、警察、法官等特定职业、群体的公众形象；

10. 宣扬基于种族、国籍、地域、性别、职业、身心缺陷等理由的歧视；

11. 宣扬淫秽、赌博、吸毒，渲染暴力、血腥、恐怖、传销、诈骗，教唆犯罪或者传授犯罪方法，暴露侦查手段，展示枪支、管制刀具；

12. 编造、故意传播虚假恐怖信息、虚假险情、疫情、灾情、警情，扰乱社会治安和公共秩序，破坏社会稳定；

13. 展现过度的惊悚恐怖、生理痛苦、精神歇斯底里，造成强烈感官、精神刺激并可致人身心不适的画面、台词、音乐及音效等；

14. 侮辱、诽谤他人或者散布他人隐私，侵害他人合法权益；

15. 未经授权使用他人拥有著作权的作品；

16. 对社会热点和敏感问题进行炒作或者蓄意制造舆论“热点”；

17. 炒作绯闻、丑闻、劣迹，传播格调低下的内容，宣扬违背社会主义核心价值观、违反公序良俗的内容；

18. 服饰妆容、语言行为、直播间布景等展现带有性暗示、性挑逗的内容；

19. 介绍或者展示自杀、自残、暴力血腥、高危动作和其他易引发未成年人模仿的危险行为，表现吸烟、酗酒等诱导未成年人不良嗜好的内容；

20. 利用未成年人或未成年人角色进行非广告类的商业宣传、表演或作为噱头获取商业或不正当利益，指引错误价值观、人生观和道德观的内容；

21. 宣扬封建迷信文化习俗和思想、违反科学常识等内容；

22. 破坏生态环境，展示虐待动物，捕杀、食用国家保护类动物等内容；

23. 铺张浪费粮食，展示假吃、催吐、暴饮暴食等，或其他易造成不良饮食消费、食物浪费示范的内容；

24. 引导用户低俗互动，组织煽动粉丝互撕谩骂、拉踩引战、造谣攻击，实施网络暴力；

25. 营销假冒伪劣、侵犯知识产权或不符合保障人身、财产安全要求的商品，虚构或者篡改交易、关注度、浏览量、点赞量等数据流量造假；

26. 夸张宣传误导消费者，通过虚假承诺诱骗消费者，使用绝对化用语，未经许可直播销售专营、专卖物品等违反广告相关法律法规的；

27. 通过“弹幕”、直播间名称、公告、语音等传播虚假、骚扰广告；

28. 通过有组织炒作、雇佣水军刷礼物、宣传“刷礼物抽奖”等手段，暗示、诱惑、鼓励用户大额“打赏”，引诱未成年用户“打赏”或以虚假身份信息“打赏”；

29. 在涉及国家安全、公共安全，影响社会正常生产、生活秩序，影响他人正常生活、侵犯他人隐私等场所和其他法律法规禁止的场所拍摄或播出；

30. 展示或炒作大量奢侈品、珠宝、纸币等资产，展示无节制奢靡生活，贬低低收入群体的炫富行为；

31. 法律法规禁止的以及其他对网络表演、网络视听生态造成不良影响的行为。

第十五条 各级文化和旅游行政部门、广播电视行政部门要坚持以习近平新时代中国特色社会主义思想为指导，加强对网络表演、网络视听平台和经纪机构以及网络主播的监督管理，切实压紧压实主管主办责任和主体责任。发现网络主播违规行为，及时责成相关网络表演、网络视听平台予以处理。网络表演、网络视听平台和经纪机构规范网络主播情况及网络主播规范从业情况，纳入文化和旅游行政部门、广播电视行政部门许可管理、日常管理、安全检查、节目上线管理考察范围。

第十六条 各级文化和旅游行政部门、广播电视行政部门、文化市场综合执法机构要进一步加强对网络表演、网络视听平台和经纪机构的执法巡查，依法查处提供违法违规内容的网络表演和网络视听平台，并督促平台和经纪机构及时处置违法违规内容及相关网络主播。

第十七条 网络表演、网络视听平台和经纪机构要严格履行法定职责义务，落实主体责任。根据本行为规范，加强对网络主播的教育培训、日常管理和规范引导。建立健全网络主播入驻、培训、日常管理、业务评分档案和“红黄牌”管理等内部制度规范。对向上向善、模范遵守行为规范的网络主播进行正向激励；对出现违规行为的网络主播，要强化警示和约束；对问题性质严重、多次出现问题且屡教不改的网络主播，应当封禁账号，将相关网络主播纳入“黑名单”或“警示名单”，不允许以更换账号或更换平台等形式再度开播。对构成犯罪的网络主播，依法追究刑事责任。对违法失德艺人不得提供公开进行文艺表演、发声出镜机会，防止转移阵地复出。网络表演、网络视听经纪机构要加强对网络主播的管理和约束，依法合规提供经纪服务，维护网络主播合法权益。

第十八条 各有关行业协会要加强引导，根据本行为规范，建立健全网络主播信用评价体系，进一步完善行业规范和自律公约，探索建立平台与主播约束关系机制，积极开展道德评议，强化培训引导服务，维护良好网络生态，促进行业规范发展。对违法违规、失德失范、造成恶劣社会影响的网络主播要定期公布，引导各平台联合抵制、严肃惩戒。

参考文献

陈刚，江洪建，2023. 农村电商运营（慕课版）[M]. 北京：人民邮电出版社.

陈盛，2021. 农产品直播带货一本通[M]. 兰州：甘肃科学技术出版社.

广东省职业技术教研室，2021. 农村电商基础[M]. 广州：广东科技出版社.

李维，2020. 短视频营销[M]. 北京：中华工商联合出版社.

史安静，高黎明，王艳芳，2021. 农产品短视频直播营销[M]. 北京：中国农业科学技术出版社.

隗静秋，廖晓文，肖丽辉，2020. 短视频与直播运营[M]. 北京：人民邮电出版社.

赵宁，董红，赵改娟，2023. 农产品电商成长课堂：从短视频引流到直播卖货全程指南[M]. 北京：人民邮电出版社.

郑海光，刘海宁，韩吉林，2020. 农产品短视频+直播[M]. 北京：中国农业科学技术出版社.